Los Eternos Enemigos

el Hombre y el Estado

Ricardo Beleta Guasch

ÍNDICE

Todo se ha dicho ya,
pero como nadie escucha
hay que volver a repetirlo

André Gide

Introducción

¿Qué pensará la historia de nuestro tiempo? No lo podemos saber. Pero lo más probable es que llegue a la conclusión de que el "estatismo" fue la causa de la decadencia de Occidente.

¡Cómo hemos cambiado! Antaño, la Sociedad aceptaba un poder distante y ajeno a ella. Hoy, por el contrario, ya no distinguimos entre Estado y Sociedad, ni conceptual ni institucionalmente. Ahora el Estado *es* la Sociedad, y ésta espera que la sustente, la mantenga, cuide de su salud, la eduque, le diga lo que puede o no hacer, la informe y la distraiga a su criterio. Es decir que le proporcione todas aquellas cosas que se incluyen en la idea del "bienestar".

Eso pone de manifiesto cómo hemos abandonado la doctrina de la responsabilidad del individuo, con su correlativo de independencia, libertad y responsabilidad. Eso es lo que nos diferencia de nuestras anteriores generaciones.

Y, lo más sorprendente, es que no se nos ocurre la más mínima "discusión" acerca del Estado *en cuanto* a Estado;

discusión que entablaron las mejores mentes de los siglos dieciocho y diecinueve. Sólo las insuficiencias de algún detalle acerca del color que éste adopte, o acerca de la calidad de sus miembros, están sometidas a debate. Pero la institución en sí, <u>no se pone en cuestión</u>. Se dice y se piensa que el Estado es "todo derecho" y, como máximo, se piensa que éste iría como una seda si gente "adecuada" estuviera al timón. Pero lo que no dice ningún "crítico" del sistema es que todas sus carencias son inherentes a *cualquier* Estado y bajo la dirección de *quien sea*. La idea de que el insaciable Leviatán es realmente <u>el enemigo de la Sociedad</u>, eso, ni se menciona y, mucho menos, se discute. Es simplemente impensable. Si alguien lo proclama, es inmediatamente tildado de "antisocial peligroso", o, en el mejor de los casos, de iluso "utopista".

Es impensable suponer que podamos funcionar bajo nuestra propia responsabilidad y libertad, sin restricciones, reglamentos, obligaciones, prohibiciones, tasas, impuestos, subsidios, subvenciones o ayudas. Nunca pensamos que, cualquiera de estas medidas intervencionistas, están colocadas a nuestro paso como si fueran una trampa, con un objetivo diametralmente opuesto a nuestra búsqueda de una vida mejor. Automáticamente las aceptamos, ya no sólo como inevitables, sino incluso como necesarias para alcanzar nuestros objetivos. Estamos completamente convencidos de que todos nuestros asuntos dependen de la política; unos piensan que con un gobierno de derechas iríamos mejor, mientras que otros consideran que hay que "profundizar" aún más en el socialismo.

Sin embargo, la Sociedad está exhausta porque el Estado

actualmente se inmiscuye en todos sus asuntos, confiscando, controlando, manipulando, agarrotando su actividad y chupando toda su energía.

Sin embargo, los espíritus "independientes" nunca son del todo borrados o silenciados, y cada día somos más los que pensamos que la situación actual —el estatismo— nos conduce directamente al desastre. Somos muchos los que rechazamos la noción Hegeliana de que *"el Estado encarna la Idea Divina en la tierra."*

Todo lo contrario: estamos firmemente convencidos de que *es* el hombre el que está hecho a imagen de Dios, y que el Estado es un ídolo falso, creado con la ilusa pretensión de que éste les va a ayudar en su búsqueda de la felicidad, a pesar de que vemos, a lo largo de toda la historia, cómo el "monstruo" acaba montándose sobre los hombros del individuo y de la Sociedad, que acaban viviendo únicamente *para mantenerlo.*

Esto es el estatismo.

A pesar de que cada día somos más los que observamos horrorizados el ascenso de este "ídolo", sé que somos minoría. Los profetas Isaías y Jeremías fueron instruidos para llevar al pueblo judío, inmerso en una decadencia parecida a la nuestra, un mensaje también a una minoría, que llamaron "remanente". Tal vez pertenezcamos a este mismo "remanente". A éste está dedicado este estudio.

Comenzaremos hablando del Individuo. Y, para comprenderle, nos dejaremos de 'filosofías', o de "teorías", y le preguntaremos directamente a él, cuáles son realmente sus deseos

A continuación, también le preguntaremos por qué se asocia con sus semejantes…

Y, finalmente, ¿por qué un Gobierno? y, sobre todo, ¿por qué un Estado?...

Concluiremos viendo que, cuando el Estado arruina económica y moralmente a los individuos, no sólo derrumba la Sociedad, sino que también se derrumba a sí mismo.

PRIMERA PARTE

CAPÍTULO 1

El Hombre

El deseo de "más"

Considere a cualquier persona en
cualquier período de su vida,
y siempre lo encontrará preocupado con
nuevos planes para aumentar su nivel de vida
Alexis de Tocqueville (1805-1859)
jurista, político e historiador francés.

Ten muy presente que los hombres,
hagas lo que hagas, siempre serán los mismos.
Marco Aurelio (121-180)
emperador del Imperio romano

El hombre es mortal por sus temores
e inmortal por sus deseos.
Pitágoras (aprox. 582-507 a. C.)
filósofo y matemático griego.

Los "mandatos" de la Naturaleza

¿Cuál es el comportamiento constante del hombre, tanto ahora como a lo largo de toda su historia y dondequiera que lo encontremos? ¿Vemos algo en él que no admita discusión?

¡Sí! ¡Siempre le vemos preocupado por cómo ganarse la vida! Este es su comportamiento constante; tanto el del hombre actual, como el de hace diez mil años. Es impensable alguien libre de dicha preocupación. Nuestra "deseo" de sobrevivir nos *obliga* —queramos o no— a ser hombres "económicos". Y esta constante obsesión por la economía indica que ella <u>ha sido el fundamento</u> sobre el cual hemos construido todo nuestro ambiente social: Sociedad, Gobierno y Estado son fenómenos básicamente económicos.

Del eterno negocio —ganarnos la vida— nunca podemos retirarnos. Esta angustia empieza con la lucha por conseguir las cosas indispensables para mantenernos en vida: un mínimo de agua, un mínimo de alimento, un mínimo de ropa y algún tipo de techo. Pero una vez solucionado el problema, o incluso antes de que este esté totalmente solucionado, nuestra imaginación nos lleva hacia otros deseos que, una vez satisfechos, ocasionan, a su vez, nuevos deseos; y así *ad infinitum*. "El trabajo de la vida" no tiene perímetro fijo, ni nunca se acaba.

Todos utilizamos "lo económico", cualquiera que sea la inclinación de nuestra "vida". Es decir, el agente catalítico de todas las aspiraciones humanas es la *aplicación de trabajo* sobre lo que nos ofrece la naturaleza, para así producir y, por consiguiente, satisfacer nuestros deseos. Sin "trabajo" nada puede ser producido.

Crear un libro de filosofía, lo mismo que un libro de medicina, así como una obra de arte o un violín, exige recorrer los mismos pasos que se necesitan para la fabricación de pan, de ropa, de un televisor o de un automóvil. Todo lo que deseamos, todo lo que queremos, por muy "intelectual", "espiritual" o "elevado" que sea, implica poner en marcha un proceso de producción. Todos tenemos que arrimar el hombro.

A primera vista puede parecer que hay cosas que los hombres queremos y que no requieren el uso de materias primas; lo que entendemos por "servicios". Pero hasta un cantante, un médico, un abogado o un actor, han de satisfacer sus necesidades, ya que un predicador, un poeta o un filósofo desnudo y hambriento, podría encontrar en el frío y en el hambre un obstáculo insuperable para su pensamiento. No hay ningún servicio que no requiera de una producción material básica; hay que comer, vestir y cobijarse bajo un techo. Por tanto, cualquier distinción entre bienes y servicios es, en un sentido económico, puramente académica. El hecho de que los hombres dependamos inevitablemente de la "naturaleza" para mantenernos "en vida", en el sentido más amplio de ésta, nos recuerda constantemente que "pertenecemos a esta tierra". Vivimos en este mundo, y estamos obligados a "ganarnos" la vida en él.

Si cualquier otro animal está igualmente obligado a ello, entonces ¿en qué nos diferenciamos de nuestros primos-hermanos?

Nosotros no somos, como ellos, dependientes de lo que encuentran, sino que tenemos la capacidad de "servirnos" de la Naturaleza para alcanzar nuestros fines. A esta capacidad la llamamos "razón" o "inteligencia". Es nuestra facultad para "captar" los fenómenos relacionados con unos principios causativos, y aplicar estos conocimientos a nuestro negocio: el de ganarnos la vida.

Los hombres observamos que la naturaleza no cultiva lo mismo en todas partes, sino sólo cuándo y dónde el suelo tiene una determinada textura, dispone de una cierta cantidad de luz solar y disfruta de una humedad concreta.

El descubrimiento de estos secretos de la naturaleza lo reflejamos en una serie de fórmulas que llamamos "leyes naturales". Entonces, dirigidos por éstas, logramos sacar el máximo partido a lo que la Naturaleza nos ofrece, convirtiéndonos así, en fabricantes de "abundancia". Eso, nuestros amigos los animales no lo pueden hacer.

Ahora bien, decimos que el hombre "conquista" la Naturaleza, pero, de hecho, nuestra conquista consiste en acomodarnos a sus "métodos", para alcanzar nuestros fines. Es decir, no podemos conseguir resultados a menos que aprendamos y nos subordinemos a sus leyes.

En cierto sentido, la gente primitiva era primitiva porque no conocían estas leyes y no hacían uso de ellas. Y los fracasos del llamado "hombre civilizado", en cualquier ámbito en que nos decidamos operar, son igualmente debidos a nuestra ignorancia, por arrogancia o porque intentamos prescindir de ellas. Sin embargo, son leyes inmutables y obligan a ser cumplidas, y nuestros fracasos deberían hacernos ver que ellas llevan sus propias sanciones.

Así, pues, somos capaces de destruir una Sociedad cuando no queremos seguir las "leyes sociales" que la Naturaleza tiene como mandato, inscritas en su libro del conocimiento.

Estamos en una particular desventaja cuando declaramos —como muchas veces hacemos, en el ámbito de la economía y de la ciencia social—, que no hay leyes naturales en estos asuntos y que podemos manipular a la economía y a la Sociedad a nuestro antojo. Llevados por tal ficción, como veremos un poco más adelante, vamos directamente al fracaso.

La Ley del "esfuerzo"

Teniendo los recursos naturales a nuestra disposición, más un conocimiento de las leyes de la Naturaleza, cualquier "fabricación" de algo, sea lo que sea, requiere un *esfuerzo, un gasto de energía*. Es el precio inexorable, que hay que "pagar", para producir (obtener) cualquier cosa. Y este esfuerzo, que todo trabajo requiere, nos induce a la incomodidad y cansancio; algo que no deseamos[1].

Para "evitarlo" al máximo, los hombres podríamos, como los animales, reducir nuestros apetitos a las necesidades más simples. Es decir, podríamos hacer lo mínimo para que nuestra existencia fuera posible. (Aunque nada se consigue sin un mínimo esfuerzo.)

Sin embargo, los hombres no estamos constituidos así: siempre somos llevados por un deseo de "avance", por una curiosidad que nos empuja a buscar siempre nuevas satisfacciones. Y, *sabiendo que el esfuerzo es inevitable*, observamos a la naturaleza para que ésta nos indique cómo

---

[1] A veces encontramos placer en el esfuerzo mismo, cuando "creamos", o cuando hacemos una larga caminata subiendo una montaña o haciendo deporte. Simplemente, el 'hacer' es ya la "ganancia".

podemos alcanzar nuestros deseos de la manera más cómoda. Así que inventamos dispositivos que nos ahorren trabajo y ponemos "horas extras" —a las mínimas necesarias para mantenernos vivos— en la producción de cosas (herramientas) para que éstas nos ahorren trabajo en nuestras futuras empresas y que nos habiliten a mejorar nuestras circunstancias.

La ley de la "moderación"

Por tanto, esta evidencia nos llevó a "aceptar" que hay una segunda Ley natural, específica para los hombres: *"moderación"*.

Esta segunda Ley nos obliga a ser, no sólo laboriosos, sino también previsores. Es decir, no sólo nos obliga a avanzar, sino que también nos obliga a moderar nuestro consumo inmediato, pensando en el futuro. Dicha ley nos obliga a "moderarnos".

[Incluso en épocas prehistóricas, el ganarse la vida no se basaba únicamente en el esfuerzo físico. Hacía falta algo más, ya que, incluso la caza era una actividad muy precaria. Los animales siempre han dispuesto de mejores "armas". Nuestras manos desnudas no son rivales para un búfalo y, a pesar de nuestro ingenio, tampoco lo son para una simple liebre.

Lanzas, venablos, redes de pescar, trampas y arcos, nos permitieron cazar con más eficacia. Y todos estos artilugios son "ahorro" (capital). Por lo que si, además del "trabajo" (esfuerzo), se cuenta con un "capital" (un ahorro previo), la producción, en este caso de alimentos, aumenta espectacularmente.

Cuando más tarde entramos en la época de la agricultura, también puede parecer que el trabajo físico era lo único que contaba; que bastaba con encorvar la espalda para hacer funcionar aquella economía. Sin embargo, un hombre que no tuviera un mínimo de "capital" (repito: ahorro previo) tenía que hacer un agujero en el suelo con el dedo, y colocar en él una semilla. El uso de palos endurecidos por el fuego al principio, fueron sustituidos con el tiempo, por rudimentarios arados y, más tarde, por collares para caballos —para poder hacer más y mejores hoyos. Esto nos indica que también hacía falta contar con un cierto "capital". Hoy, en vez de arados y collares, tenemos tractores, cosechadoras, trilladoras y segadoras…

También el comercio entre regiones ha mejorado espectacularmente debido al "ahorro acumulado". Antiguamente llevaba muchas semanas, meses o incluso años, atravesar, con grandes y pesados fardos a la espalda, grandes cadenas montañosas, espesas selvas, desiertos, ni que decir, terroríficos mares. Primero fueron animales de carga, (que también son capital).

Hoy, las cadenas montañosas, los desiertos, las selvas y los océanos son obviados por una multitud de camiones, túneles, carreteras, puentes, viaductos, aviones y buques de carga, que permiten transportar cada día miles y miles de toneladas de mercancías. Todo este avance es debido al ahorro. Que no es más que abstenerse a consumir la totalidad de lo que se obtiene de nuestro trabajo, en vista de invertirlo en mejorar la futura producción.

La Economía, pues, no significa "gastar por gastar", sino todo lo contrario: moderarse en el consumo para "prosperar", para satisfacer el deseo de "más"]

Pero, muchas veces, en vez de aceptar las leyes de la laboriosidad, de la renuncia, del ahorro y de la moderación, (*y de la decencia*), tomamos el camino más mezquino para satisfacer nuestros insaciables deseos; no a través de nuestro propio esfuerzo, sino a expensas del esfuerzo de los demás. De ahí viene la 'explotación'. Y eso va en contra de la primera, y fundamental, Ley de la Naturaleza: la ley del esfuerzo, del sacrifico, del "intercambio de energía"…

El ladrón roba porque piensa que es el modo más fácil de satisfacer sus deseos, lo mismo que el monopolista busca la forma de mejorar sus circunstancias, sin el "plus" de esfuerzo que la competencia le impondría, o cuando los políticos nos prometen "bienestar", dándole a la "maquina" de hacer dinero, expoliando a la gente, o malgastando y prevaricando. Cada delito, cada mal social, cada embuste político, cada chanchullo es debido al <u>desprecio que siente el Gobierno y el Estado hacia la Ley del "esfuerzo"</u>.

Esto es así porque, <u>al ser instituciones creadas por los hombres,</u> también están *inevitablemente* influenciadas por la *"aversión al trabajo"*. No cambiamos ni sufrimos ninguna mutación cuando nos politizamos; seguimos siendo lo que somos: hombres. Por tanto, estas dos instituciones son, de un modo u otro, análogas a nuestra obsesión por escaquearnos lo máximo y, si es posible, obtenerlo todo a cambio de nada.

La Ley de la "socialización" humana

Sin embargo, la "Sociedad", al contrario que el Gobierno y el Estado, sí está sancionada (aprobada, impuesta) por la Naturaleza, ya que es la única manera de satisfacer nuestros "insaciables" deseos, sin recurrir a la expoliación mutua.

Empecemos, pues, hablando de ella.

CAPÍTULO 2

La Sociedad
"La Plaza del Mercado"

Los grupos son ficciones gramaticales,
sólo existen los individuos,
y cada individuo es diferente.
Robert Anton Wilson (1932-2007)
Novelista estadounidense, ensayista y filósofo.

La socialización sólo se presenta
cuando la existencia aislada de los individuos
adopta formas determinantes de cooperación
y colaboración que caen bajo
el concepto general de acción recíproca.
Gerog Simmel (1858-1918)
filósofo y sociólogo alemán.

No existe una mejor prueba del progreso de una civilización
que la del progreso de la especialización.
John Stuart Mill . (1806-1873)
filósofo, político y economista inglés

"Sociedad" significa *"colectividad"*. Nada más. Es un término que se usa para denominar a un grupo de gente con "un objetivo en común", en el cual cada individuo, reteniendo su identidad y su privacidad, se une por interés.

Una familia, por el contrario, se mantiene unida por afecto y parentesco. Sin embargo, una Sociedad abraza, no sólo al esposo y a la esposa, al padre y al hijo, al hermano y a la hermana, sino al médico y al agricultor, al financiero y al agente de ventas, al químico y al abogado, al carpintero y al actor; es decir, gente de todas clases y vocaciones, buscando diferentes satisfacciones, y persiguiendo una gran variedad de objetivos. Cada uno a su propio modo, *pero* unidos por un <u>objetivo común</u>: enriquecerse mutuamente a base de cooperación.

Cooperación

La Sociedad es, pues, una institución <u>natural en el ser humano</u>, para alcanzar sus objetivos y aspiraciones <u>con más eficacia</u>; es un dispositivo que nos ahorra trabajo; es algo que nos ayuda a mejorar nuestras circunstancias, ahorrándonos muchos esfuerzos.

La verdadera "ventaja" de vivir en Sociedad es el aumento de satisfacciones hechas posibles por la cooperación, en la construcción de una casa, en el abastecimiento de agua y leña (energía), en el cuidado de nuestra salud (medicina), etc., etc. Es decir, en el intercambio de nuestras distintas habilidades.

Ya Platón, en su *República,* escribió que "*las sociedades surgen como consecuencia de las necesidades de los hombres, que sólo pueden ser satisfechas en cuanto aquéllos se complementan".*

Los hombres tenemos muchas necesidades y ninguno nos bastamos a nosotros mismos. En consecuencia, nos ayudamos mutuamente, intercambiándonos nuestros distintos "talentos".

De manera que nos reunimos en Sociedad, no tanto por

un instinto social, sino por un instinto de "enriquecernos" mutuamente. (Enriquecernos en el amplio sentido de la palabra).

Hoy vemos como la integración a una comunidad (Sociedad) está en proporción a las oportunidades que ésta ofrece para mejorar nuestro nivel de vida. Cuantas más oportunidades hay, más integración hay.

Innumerables inmigrantes son atraídos a los países llamados ricos, por la perspectiva de una mejora económica y, aunque vengan del Senegal o de las montañas del Pakistán, aunque hablen la jerga de sus guetos o se inclinen hacia la Meca, todos ellos, al emigrar, tenían un punto en común: buscar mejorar su vida a través de la cooperación.

Diferencias de raza, religión y lengua, al principio despiertan desazón y, a veces, irritación, pero la contribución de cada nuevo trabajador, al fondo general de riqueza, tiende a liquidar esta diferencia superficial. Si son capaces de ganarse bien la vida, se "integran" en la nueva Sociedad sin gran dificultad.

Como vemos, los humanos somos capaces de alcanzar espontáneamente un orden social, porque nuestra "voluntad de vivir" —que no es meramente un agarrarse a la existencia—, es un impulso por mejorar nuestras "circunstancias".

La "especialización" y la "plaza del mercado"

Tan pronto como la subsistencia deja de ser un problema que aprieta, evidenciado por una abultada despensa, una nueva urgencia aparece para satisfacer lo que antes parecía apenas un sueño. La choza, ahora convertida en "nuestro castillo", necesita mobiliario, cortinas, alfombras, lámparas, tele, radio, móvil, ordenador, lavadora, nevera, y menaje de cocina, además de otras muchas "especialidades".

Sin embargo, la satisfacción de estos, cada día nuevos deseos, exige un trabajo especializado, habilidades y conocimientos que, incluso, un maestro de la auto-suficiencia no tiene. Es así como nace y crece la Sociedad. Los hombres se juntan y cooperan para mejorar "sus circunstancias". Y lo logran a través de la especialización y del intercambio de ésta.

Platón ya escribió, hace más de dos mil años:

"Por consiguiente, se producen todas las cosas en mayor número, mejor y con más facilidad, cuando cada uno, según sus aptitudes, se dedica a un solo trabajo, estando dispensado de todos los demás".

República 358 a. C.

La "plaza del mercado" es lo que hace posible la especialización y el intercambio, ya que es el medio por el cual, la abundancia producida por un especialista —que produce mucho de una cosa que no necesita—, pueda ser intercambiada por otra cosa, que otro "especialista" produce, y que también quiere intercambiarla.

Ahora bien, ésta (la plaza del mercado) no tiene que ser necesariamente una plaza mayor llena de tenderetes en un día de fiesta, ni una calle o centro comercial, ni una lonja, ni una subasta, ni una bolsa de valores, o unos determinados sitios en la red, ni lo grande que sea el número de gente que tome parte en los intercambios, así como variadas sean las especializaciones que concurran al "mercado", ni intrincada sea la técnica del comercio. La plaza del mercado es simplemente un lugar —el que sea— <u>donde se ofrece lo que uno quiere menos, para cambiarlo por lo que uno quiere más</u>. Es como el patio del "cole", donde los niños intercambian sus respectivos "repes" por sus respectivos "faltis".

La "plaza del mercado" es el alma de la Sociedad; la una no podría existir sin la otra, y ambas deben su origen a la interminable búsqueda del hombre de una vida más llena.

La capacidad humana para evaluar el "coste" de su deseo. ¿Me compensa desprenderme de esto para cambiarlo por aquello otro?

¡Lo que se *quiere* menos, por lo que se *quiere* más! El comercio, por tanto, tiene su origen en el deseo; tanto en el del vendedor como en el del comprador.

Y, para lograrlo, estas dos experiencias subjetivas encuentran un punto de equilibrio: el llamado *"precio"*, que no es más que la capacidad que tenemos, todos los humanos, para medir el valor de nuestros deseos. ¿Cuánto más "valiosa" es la cosa que estamos dispuestos a entregar, a cambio de lo que queremos adquirir? Eso depende… Depende de la *"intensidad"* de nuestro subjetivo deseo.

Cuando dos hombres primitivos cambiaban su abundancia respectiva (lo que tenían de más), sus deseos se limitaban a las cosas necesarias. Pero cuando la población creció y hubo una mayor subdivisión de trabajo y, por lo tanto, una mayor variedad de bienes y servicios donde escoger, el problema de evaluar nuestros deseos y ejercer nuestra voluntad a favor de esta o aquella otra satisfacción se ha ido haciendo cada vez mucho más intrincada. Cuando la opción estaba entre una piel de oso o ir desnudo el problema era fácilmente resuelto. Pero ahora el asunto implica optar entre dos botones en pleito con tres, entre azul marengo o gris oscuro, por no decir nada de la calidad del tejido o de la exquisitez del corte; esto sin contar con que ahora tenemos una nueva influencia: nuestro "status" hace que la "marca" sea otra consideración.

Además, junto con el problema de la ropa, otras decisiones deben ser tomadas entre esta nueva prenda o un nuevo televisor o ir a esquiar con toda la familia. Los deseos son muchos y ¿qué impedimento hay, en la naturaleza de las cosas, que obligue a tomar una decisión a favor de otra? ¿Cuál es la medida de la intensidad de nuestro deseo?

La respuesta que los hombres damos a esta pregunta es optar por aquella satisfacción que, teniendo en cuenta todos los factores de inclinación, ambiente y necesidad, nos producirá la mayor dicha, según nuestras luces, a cambio de la menor cantidad de esfuerzo (representado por el dinero que nos ha costado ganar) que debe ser pagado para adquirirlo; ya que está escrito en el libro de la vida, que el coste de cada "bien" requiera de aquella cosa tan indeseable llamada "esfuerzo". De manera que el trabajo (esfuerzo), en yuxtaposición con el deseo, es el determinante último del "valor" que damos a cada cosa.

Resumiendo, la capacidad humana para evaluar los deseos y las *diferentes opciones* es lo que *motiva* que haya una Sociedad.

Si el fenómeno de la 'plaza del mercado' (un lugar de intercambios) no se diera, la abundancia de la especialización tampoco se daría, y los hombres estaríamos reducidos a recolectar lo que encontrásemos en la naturaleza como los animales. Ninguno de ellos muestra capacidad de "medir" lo que quiere comparándolo con lo que otro tiene, ni de seguir una decisión como resultado de tal comparación; es decir el abandono deliberado y voluntario de una posesión para obtener otra. No hay ningún comercio entre los animales. Por eso no se asocian.

¿No convivimos por nuestra ansia de mejora? ¿No fue ésta la que nos empujó a la vecindad? Sin duda, la Sociedad empezó cuando los hombres nos dimos cuenta de las ventajas de la especialización y del intercambio (comercio).

Así, pues, *la Sociedad es un fenómeno económico*; una agregación de individuos quienes, por medio de la cooperación, la especialización y el intercambio, pretenden mejorar su nivel de riqueza. Si esto no se logra, como veremos más adelante, la Sociedad se desintegra.

CAPÍTULO 3

El Gobierno

La "autoridad"

Los estados se forman únicamente con el fin de conseguir seguridad, en especial contra las depredaciones de otros hombres.
Carnéades
Grecia, siglo III a. C.

El gobierno tuvo su origen en el propósito de encontrar una forma de asociación que defendiese y protegiese a la persona y la propiedad de cada cual con la fuerza común de todos.
Jean-Jacques Rousseau
siglo XVII, Ginebra.

Los orígenes de la "autoridad"

Desde Aristóteles, ha sido práctica común entre los politólogos acudir a una analogía para apoyar su teoría del origen del Gobierno: *"el Gobierno surgió como consecuencia de la organización de la familia".*

Esa hipótesis se basa en unas "supuestas" semejanzas entre la autoridad paternal y la autoridad del Gobierno.

Sin embargo, esta "teoría" se viene abajo cuando el factor biológico de la "autoridad" paternal se tiene en cuenta.

El niño mira a su padre para su dirección debido a las insuficiencias y a la inseguridad de la infancia y, busca, o acepta, su autoridad, además de por afecto, básicamente por necesidad.

Sin embargo, el "Gobierno" no tiene tales reclamaciones sobre la ciudadanía, por lo que la lealtad hacia éste, no es análoga a la lealtad filial. Incluso la relación de padre-hijo cambia cuando el descendiente alcanza la madurez y logra la autosuficiencia; a partir de ahí la autoridad disminuye hasta que pronto desaparece (aunque no así el afecto).

Sin embargo, la lealtad, que el Gobierno espera del ciudadano, no tiene nada que ver con su edad o con su capacidad para cuidarse de sí mismo. Por tanto, esta analogía no resiste el análisis. Hay que mirar a otra parte para explicar, aunque sea un poco, el fenómeno del Gobierno.

Tal vez podamos empezar a comprender mejor esto si analizamos una "sociedad" en su estado embrionario.

El pensador norteamericano Frank Chodorov (1887-1966) nos propuso un magnífico ejemplo: los primeros pioneros del *"lejano Oeste"*:

"En aquellas nuevas tierras –nos cuenta el autor– *no había ningún tipo de "autoridad organizada". Lo único que había eran "autoridades individuales", representadas por el arma que cada pionero llevaba encima.*

Sin duda, la función de aquel instrumento era defender la 'vida' y el 'capital' de cada pionero. El arma servía para protegerse y para asegurar que hubiese comida en la mesa y pieles en el guardarropa. Era su "autoridad" frente a la del otro. Eso significaba inducir a un comportamiento que se juzgaba como deseable y prevenir un comportamiento que se juzgaba como indeseable."

Sin tener en cuenta la forma o el tipo de Gobierno, es decir, si la autoridad es ejercida por un dictador, por un monarca, por un político elegido o por un funcionario, tanto si su objetivo es satisfacer sus caprichos o hacer cumplir la ley; tanto si tiene la sanción de la opinión pública o no, la acción **_es la misma_: la imposición de una voluntad sobre otra voluntad.**

Es decir, aunque las "autoridades" sean aceptadas y seguidas, es el uso de la coacción lo que les da su sustancia.

Por tanto, cuando el hombre del Oeste echaba mano de su arma, para frustrar los deseos de un depredador, él actuaba, en efecto, como "el Gobierno", y hacía uso de tanta fuerza como tenía a su disposición, para obligar a la conformidad con su voluntad: proteger, tanto su vida (existencia), como su propiedad (su modus vivendi).

Volviendo a Chodorov, éste continúa:

… *"su preocupación primaria era la comida, el vestido y alojamiento, por lo que la necesidad de desatender la producción de todas estas cosas, para estar todo el día pendiente de protegerse y protegerlas, debía serle un fastidio; no había ninguna ganancia en ello. El tiempo y el esfuerzo que ponía en vigilancia —debió pensar— estarían mejor empleados cuidando su granero, sus cuadras y su despensa.*

Por esta razón, pensó que le sería más provechoso (evaluó el coste de su deseo de 'seguridad') *ceder su arma, el instrumento de la autoridad, a un 'especialista'.*

Sus vecinos eran del mismo parecer. La triste experiencia les había enseñado que la abundancia, que ellos habían acumulado a base de esfuerzo, era un imán para la gente que pretendía satisfacer sus deseos sin la correspondiente inversión de duro trabajo. Por lo que la preocupación de cada uno, por preservar los frutos de su esfuerzo, se hizo una preocupación común.

Así vino el 'comité de vigilancia'. Es decir, un instrumento de seguridad colectiva. Este nuevo 'instrumento' también hacía uso de la fuerza para prevenir el comportamiento hostil hacia el honrado "negocio de ganarse la vida". Estaba, pues, al servicio de la comunidad para hacer lo que antes cada individuo estaba obligado a hacer por sí mismo, antes de que hubiese un número suficiente de productores en la comunidad para poder formar un grupo especializado. Aquel grupo de "voluntarios" fue como un embrión de 'Gobierno'.

Pero aquella ininterrumpida llamada al deber debió hacerse cada vez más pesada a medida que la comunidad fue creciendo en tamaño y riqueza, y llegó un momento en que el voluntariado fue reemplazado por un sheriff 'profesional'. Era menos costoso que parar la producción.

Sin embargo —¡ojo!, esto es importante— el sheriff estaba liberado de contribuir con "algo" a la plaza del mercado, de la cual obtenía su sustento. A cambio, él se comprometía a dedicar todo su tiempo y talento únicamente al mantenimiento de las condiciones consideradas necesarias para el buen funcionamiento de ésta. Él ejecutaba un servicio especial a la comunidad, diferenciándose, así, de todos los demás: el ejercicio en exclusiva de la autoridad.

De manera que, como sheriff no era nombrado para ninguna ocupación productiva, no tenía ninguna competencia en este ámbito (en el económico). *La idea es que fuera únicamente un protector, no un productor.*

Además, buscando un mínimo de tranquilidad para poder trabajar, con unas ciertas garantías de ecuanimidad, la comunidad acabó alistando, aparte del sheriff, a un tercero imparcial para que arbitrase en las disputas. De esta manera aparecieron 'el juez' y la "ley', que también eran como embriones de Gobierno. Estas tres "autoridades" (sheriff, ley y juez) *nacieron únicamente para proteger la propiedad de los 'productores'"* (no para intervenir o manipular la "plaza del mercado". Por eso estaban 'mantenidos'.)

Esto, tan lleno de "sentido común", debió ocurrir al principio, no sólo entre los primeros pioneros americanos, sino también en todas aquellas comunidades que fueron creciendo más allá de mera tribu. En todas ellas debía haber alguien encargado de dirimir entre las disputas internas que se producían dentro de la propia comunidad.

Ahora bien, una cosa es que se "mantenga" a unos pocos "especialistas" (un pequeñísimo 'gobierno') para que velen por el orden dentro de una sociedad. Pero, otra muy diferente, es un enorme Estado, depredador e insaciable, con toda su "maquinaria" de coacción, que no sólo expolia a los 'productores', sino que, además, desvirtúa, obstaculiza y corrompe a la 'plaza del mercado'.

De cómo nació este "insaciable monstruo" hay dos teorías: una, la del "pacto", dice que los hombres firmaron un acuerdo voluntario para formarlo. La otra, sostiene que tiene origen en la "depredación".

Veamos cuál de ellas parece más verosímil...

CAPÍTULO 4

¿La "Pluma" o la "Espada"?

Las dos teorías acerca del origen del Estado

Hay muy pocos hombres que sean tan necios
que no prefieran gobernarse a sí mismos
antes que ser gobernados por otros.
Thomas Hobbes, filósofo inglés. (1588-1679)

El hombre ha nacido libre y,
por donde quiera, se encuentra cargado con cadenas.
Rousseau, 1712-1788

El ente 'perfecto', el que se basta a sí mismo,
el que todo lo absorbe,
el que todo domina, es el Estado.
Platón. Siglo IV a. C.

La teoría del "pacto"

Podemos entender la necesidad de un pequeño Gobierno, con su monopolio del uso de la violencia, para velar por el correcto funcionamiento de una Sociedad. Pero, ¿la naturaleza de las cosas pide un gran Estado?

Todos los teóricos clásicos —desde Grecia hasta el siglo XVII— estaban persuadidos de ello. Creían que, en toda aglomeración de gente, conocida por la historia, siempre ha habido una institución política de alguna clase.

Además, estaban convencidos de que, como en todos los asuntos humanos, la mano de Dios había jugado un gran papel en este asunto. Tenían un silogismo para apoyar tal asunción: *"Dios hizo al hombre, y éste al Estado; por lo tanto —según ellos— Dios hizo al Estado."*

Este razonamiento también estaba sostenido por otro silogismo: *"es una certeza —decían— que la organización de la familia, con su cabeza, pertenece al orden natural de las cosas. Por tanto, resulta "natural" que, un pequeño grupo de familias, (el Estado), actúe como si fuera un padre total."*

"Si hay carencias en una familia —continuaban arguyendo— son debidas a la ignorancia o a la maldad del padre; y si el orden social sufre angustia o disonancia es porque el Estado ha perdido de vista los caminos del Señor. En uno y otro caso el 'pater familias' necesita de la instrucción de los principios morales."

Es decir, el Estado, que es —según ellos— una institución querida por la Naturaleza, es inevitable y necesario, por lo que puede y debe ser mejorado.

Sin embargo, como veremos en el próximo capítulo, la "palabra" de Dios dice todo lo contrario: que el Estado es cosa de los hombres, y en absoluto cosa suya.

Aceptando a priori esta pretendida "naturalidad" del Estado, los tres pensadores más relevantes del siglo XVII, Thomas Hobbes, John Locke y Jean Jacques Rousseau, tomaron como punto de partida, para sus especulaciones, acerca de cómo surgió el "Estado", la misma hipótesis: *"tiempo atrás, cuando los hombres no estaban políticamente organizados, vivían en condiciones llamadas 'en estado de naturaleza'"*.

Sin embargo, Hobbes, que había sufrido en sus carnes una época de anarquía en la Inglaterra de finales del siglo XVI y principios del XVII, sostenía que el hombre "pre-Estatal" era *"brutal"* y *"repugnante"*, *obsesionado por los bienes de su vecino, debido a su desquiciada pasión por la abundancia material.* Por lo que concluyó:

"...ya que el hombre fue dotado desde sus orígenes con el regalo de la razón, ésta en algún momento le dijo que podía serle más ventajoso colaborar, en vez de luchar constantemente contra los otros hombres. De manera que hizo un "contrato social" con ellos, por lo que cada uno consintió en aceptar una "autoridad" que le retuviera a hacer lo que su "naturaleza" le inclinaba a hacer. Así — según Hobbes— *nació el Estado".*

Por otra parte, el filósofo y médico, también inglés del siglo XVII, John Locke, decía:

"... aun cuando el hombre vivía en un estado "natural", su preocupación principal era su propiedad, el fruto de su trabajo. Y su razón le dijo que estaría más seguro en la posesión y disfrute de su riqueza, si él mismo se rendía a

una agencia protectora. Él, por tanto, hizo un 'contrato social' y organizó un Estado ".

Locke entendía que la principal y única función de éste era proteger la propiedad. Incluso afirmaba que cuando éste abandona este deber, es moralmente correcto reemplazarlo por la fuerza, si no hay otra manera de hacerlo.

Por el contrario, en Francia, Rousseau creía que *"el estado natural del 'hombre' era un idílico "Edén", en el cual éste era absolutamente libre y, por lo tanto, moralmente perfecto. Pero, había sólo un pequeño inconveniente: la fabricación de una vida para un hombre solo, era muy difícil. Y, para vencer las privaciones de aquella existencia solitaria, libre y 'natural', el hombre tuvo que ceder un poco de su libertad, y aceptar un "contrato social".*

De manera que, los tres pensadores, a pesar de partir de dos puntos de vista totalmente diferentes (Hobbes y Locke: de la *brutalidad* y de la *violencia*, y, Rousseau, del *idílico Edén*), llegaron a la misma conclusión: *de que el Estado había nacido tras un 'acuerdo', libre y voluntario, entre los hombres ".*

Sin embargo, cuesta creer que haya habido en alguna parte, como creían, un grupo de pacíficos hombres que se reunieran y elaboraran un *"contrato social"* para formar un Estado. Además, no hay la más mínima prueba histórica de ello.

Por el contrario, todos los Estados, cuyos orígenes están históricamente más o menos claros, fueron el resultado de la conquista de una tribu a otra, de una ciudad a otra, de un pueblo a otro.

Por supuesto han habido —y siguen habiendo— convenciones constitucionales, pero éstas simplemente son pequeños cambios en las reglas de funcionamiento de Estados ya existentes y consolidados.

Siendo, pues, tan poco realista eso del *"contrato"*, vayamos a la otra teoría acerca del origen del Estado.

La teoría "sociológica" del Estado

A principios del siglo XX, algunos investigadores rebuscaron en la historia para encontrar pruebas del origen del Estado, y evolucionaron hasta lo que llamaron la *"teoría sociológica del Estado"*.

Observaron que todos los pueblos primitivos se dedicaron básicamente a la agricultura o a la ganadería; la caza y pesca las consideraron marginales.

Así pues, las exigencias de aquellas dos ocupaciones básicas desarrollaron hábitos claramente definidos, así como diferentes habilidades. El negocio del vagabundeo en busca de pastos y agua, llevó a una organización "bien-tejida" de hombres emprendedores, mientras que la rutina de cultivar la tierra no necesitaba de ninguna organización y de muy poca iniciativa.

Por tanto, la flemática docilidad de los dispersos trabajadores de la tierra, los convirtió en presa fácil para los audaces pastores de las colinas. Y, la codicia, sugirió el ataque.

Al principio, según los historiadores, el objeto de hurto eran las mujeres, seguido por el robo de bienes transportables. Y ambas ocupaciones eran acompañadas por la aniquilación de los varones y mujeres no deseadas, así como la destrucción de sus chozas y campos de cultivo.

Pero, en algún momento, los merodeadores dieron con el "hecho económico": ¡los muertos no producen nada, como tampoco nada producen los campos incendiados y los árboles frutales hacheados!

De aquella observación vino la institución de la esclavitud. Los "cazadores" mejoraron su "negocio" sometiendo a los conquistados, o a "trabajar" en tareas serviles, o dejándoles su choza, su equipo y un mínimo de granos hasta la próxima cosecha.

Es decir, según la 'teoría sociológica' esta fue la manifestación más temprana del Estado. De ahí, la premisa de que el Estado es la explotación de los productores para hacerse con el "trabajo" de los explotados.

El economista y sociólogo Frank Openheimer (1864-1943) en su libro, 'El Estado', nos ilustra esta evolución con un ejemplo:

"Al principio el conquistador es como un oso que, con el propósito de robar la colmena, la destruye completamente. Posteriormente es como un apicultor que piensa en el futuro: deja a las abejas suficiente miel para que pasen el invierno."

Grande fue el paso entre la primera y segunda etapa, tanto económica como políticamente. A partir de aquel momento, la rapiña se convirtió en un asunto económico, ya que la economía se basa en restringir el disfrute momentáneo en vista al futuro. Es decir, el saqueador aprendió a "capitalizar".

Y, con el tiempo, la esclavización y el hurto fueron "*endulzados*" con la idea de la *"seguridad"*. De manera que se creó un tributo permanente para *"proteger"* a la gente sometida. Y la casta depredadora tomó el control de la plaza del mercado: grabó todas las transacciones, instalándose a lo largo de los caminos y canales que llevaban a los pueblos, exigiendo peajes a los transeúntes, caravanas y comerciantes. A cambio, como habían aprendido que el botín es una parte de la producción y que éste es abundante cuando la producción es abundante, la casta se comprometió a *"patrullar"* y *"mantener el orden público"*.

Volviendo al ejemplo del oso y del apicultor, éste último protege a sus "colmenas" con la fuerza de sus armas, y los saqueados se acostumbran a pedir protección y salvación a los ¡saqueadores!, sin tener en cuenta que son sus verdaderos ladrones y asesinos.

A partir de aquel momento, vemos, a lo largo de la historia, como se fueron tejiendo los primeros hilos de unas relaciones jurídicas entre los que hasta ahora habían sido "enemigos mortales". Y la víctima acabó teniendo una <u>apariencia "legal"</u> de *"derecho" a las necesidades básicas de la vida.* De manera que, con el paso del tiempo, cada día se empezó a hablar más de los *"derechos del pueblo"*.

Y, el pueblo — que siempre se conforma con bellas palabras— acabó sucumbiendo a un sistema de impuestos, gravámenes, cargas, obligaciones, cánones, exacciones, aranceles, catastros, multas, arriendos, peajes y otras mil formas de tributo, pero, eso sí, con ¡"derechos"! De manera que, a través de largos procesos psicológicos y legales aquella tomadura de pelo se hizo "legal" y fija.

Esta 'teoría sociológica del Estado' se apoya, no sólo en pruebas históricas, sino también en el indiscutible hecho de que sólo hay dos caminos por los cuales los hombres podemos adquirir bienes económicos: o, a través de la **producción** o, a través de la **depredación**.

El primero implica la aplicación de trabajo, sobre lo que nos ofrece la Naturaleza y, el otro, en el uso de la coacción (la fuerza).

El pillaje, la conquista y la esclavitud, eran las formas primitivas de la depredación, pero el efecto económico es el mismo: la depredación no cambia cuando se hace en nombre de la supuesta "caridad", "solidaridad" o "justicia social". Es decir, utilizando la fórmula Robin Hood. En cualquier caso, unos disfrutan de lo que otros producen.

Es, por tanto, un engañabobos suponer —como decía Karl Marx— que si el Estado estuviera en manos del "proletariado" se aboliría la explotación. La teoría sociológica del Estado insiste muy claramente que el Estado es, *en sí mismo,* sin tener en cuenta su composición, una institución explotadora y no puede ser otra cosa; no importa que la propiedad esté a nombre de uno o de otro. Si el Estado toma del capitalista para hacer ver que se lo da al obrero o del obrero industrial para dárselo al agricultor o se lo toma de todos, es únicamente para engrandecerse a sí mismo. Él utiliza la fuerza de la "ley" para privar a alguien de su legítima recompensa por su trabajo y, en este sentido, se continúa con el espíritu, si no con las maneras, de la *conquista original.*

De manera que, si algún Estado en concreto no comenzó con la conquista, todos —sin excepción— han seguido el mismo modelo: una insaciable máquina depredadora.

Esa es la realidad. El Estado no ha nacido de un 'pacto', para garantizar la convivencia, sin intervenir en la vida de los ciudadanos, ni coartar su libertad, ni regular la "plaza del mercado", sino que ha nacido del no querer aceptar la "Ley del Esfuerzo". Es decir, de la pretensión de vivir a costa de lo que otros producen.

Esto siempre ha sido así y siempre será así, por mucha moralina con que se disfrace la depredación. Ya se autoproclame —y nosotros traguemos— democrático, constitucional, progresista, popular, o lo que sea.

Esto está perfectamente descrito en el libro de los Jueces de la Biblia. Veamos qué dice, en el siguiente capítulo...

CAPÍTULO 5

La Verdadera naturaleza del Estado

Donde comienza el Estado, allí termina el hombre.
Friedrich Nietzche (1844-1900) filósofo y poeta

¡Pueblos libres, recordad esta máxima!:
podemos adquirir la libertad,
pero nunca se recupera una vez que se pierde.
Jean-Jacques Rousseau (1712-1767), escritor, filósofo y músico

"En aquel tiempo" —así empieza Jueces **17**:6— *"no había rey en Israel, y cada uno hacía lo que le parecía correcto a sus propios ojos"*.

Para poder hacer esto es necesario, ante todo, que uno sea **libre**, y la libertad era el estilo de vida entre los israelitas antes de la llegada de los reyes.

Sin embargo, aunque no tuviesen ningún tipo de Gobierno ni, por supuesto, de Estado, los israelitas de aquel tiempo no carecían de aquellos mandos sociales, que son la esencia de cualquier comunidad bien avenida. La prosperidad de todos los miembros de la tribu exigía que el individuo se adaptase a procedimientos cooperativos y regularizados.

Un hombre que se permitiese seguir su capricho, cuando

toda la tribu debía mantenerse unida, flirteaba con el desastre. El caso era mantenerse unido y cooperar, o morir.

La 'tradición' se complementó con unas 'reglas', que habían demostrado ser beneficiosas para todos.

Aquellas reglas, y la costumbre, fueron santificadas, y su violación acarreaba sus propias desgracias, no sólo para el individuo sino para todo el grupo. La adhesión, pues, a principios probados, era el único camino por el cual la búsqueda de la felicidad podía ser llevada a cabo.

Así, pues, lo que era *correcto a los ojos* de cualquier miembro de la tribu, era "*correcto*" a la costumbre, a la tradición, y a la Ley de Yahvé.

Como vemos, "libertad" no suponía —ni hoy supone— licencia, ni carencia de un mínimo de "dirección", antes de la aparición de los reyes. Alguien tenía que planear la estrategia e improvisar la táctica para las guerras que la tribu tuvo que afrontar durante su larga expedición en busca de la Tierra Prometida, y alguien tenía que arbitrar las disputas para prevenir el caos que conllevan las luchas internas. Y, aquel 'mando', aquella 'dirección", lo ejercían los "Jueces"; los miembros más estimados de la comunidad, por su sabiduría e integridad. Éstos accedían a ese 'estatus' por selección natural y consentimiento común. Era reconocida, por toda la tribu, que su autoridad estaba santificada por Dios, y la prueba de aquella "unción" era la manera cómo ejercían la autoridad: con sabiduría, imparcialidad y capacidad de mando.

Sin embargo, el aspecto más significativo del gobierno de los Jueces es que estos carecían del poder de coacción.

Que "*cada hombre hacía lo que era correcto a sus propios ojos*", significaba que no podían obligar a ningún hombre a hacer esto o aquello; ya que "*en aquel tiempo no había ningún rey en Israel*". No había ninguna policía para hacer cumplir aquellas reglas de comportamiento. Lo único que avalaba la autoridad de los Jueces era "la opinión pública".

Aquel tipo de "Gobierno" tan, tan, limitado duró un período de aproximadamente cuatro siglos, (comparable a la duración de la república romana) Y la manera de cómo acabó aquella dignísima época está registrada en el Libro de Samuel, donde nos dice que llegó un día en que los 'mayores' de la tribu fueron a ver al último de los grandes jueces y le pidieron que les pusiese un rey sobre ellos.

El fondo de aquella petición, para tan drástica reforma de la constitución básica del pueblo judío, era que los nómadas se habían instalado definitivamente, por aquellas fechas, en las colinas que rodean Canáan y, ahora, el pastoreo tenía que ceder el paso a la agricultura; por lo que la tenencia de tierra tenía una importancia que no tenía durante las migraciones. Comercio, acumulación de capital, bienes raíces y transacciones financieras, habían entrado en su estilo de vida. Su economía había cambiado.

Además, su nueva manera de ver la vida, fue coloreada por la deslumbrante visión de la gran riqueza que había en aquellos valles. Allí, la pompa y la adoración de Baal, en brillantísimos templos, no resistían comparación con la austeridad que Yahvé les había impuesto. Allí, todo tipo de problemas, tanto privados como públicos, estaban en manos de unos omniscientes y omnipotentes funcionarios reales, aliviando así al pueblo de la rigurosa autodisciplina. Querían ser como ellos, y por esto pidieron un rey.

La "excusa" para una demanda tan revolucionaria para el pueblo israelita era lo que hoy llamaríamos una "emergencia nacional". De hecho habían dos emergencias. En sus relaciones exteriores las cosas iban mal para Israel. Los Filisteos no sólo los habían golpeado rotundamente en la batalla, sino que también se habían hecho con el Arca de la Alianza.

Y, en el frente doméstico, habían perdido la fe en el mando. Samuel, que ya era viejo, había puesto a sus dos hijos como jueces de Israel. Pero no cumplieron con los estándares que su alto cargo exigía: *"fueron atraídos por el lucro, aceptaron sobornos y su juicio se pervirtió."*

Sin embargo, como Samuel, a pesar de su edad, aún mantenía su fino instinto político, cuando los notables del pueblo le dijeron que *"querían un rey para que nos juzgue como todas las naciones,"* él se puso las manos en la cabeza...

La historia dice que Samuel, entristecido, consultó con Yahvé (su Conciencia), que le dijo que él nada podía hacer, ya que ellos habían desistido de sus principios:

"Haz caso a todo lo que el pueblo te dice. Porque no te han rechazado a ti, me han rechazado a mí, para que yo no reine sobre ellos".

Odiaban la rigurosa tradición de sus antepasados, con su insistencia en la independencia y en la integridad personal. Habían perdido aquel toque victorioso que les llevó, desde Egipto (desde la tierra de la 'esclavitud'), a las afueras de la

Tierra Prometida (la tierra de la 'Libertad'). Yahvé le dijo a Samuel que la crisis del sistema de Jueces se remontaba al mismo día en que empezó la carencia de **auto-disciplina** y **responsabilidad** del pueblo.

Por lo que Yahvé le dijo a Samuel:

*"Dales lo que ellos te piden, pero les advertirás claramente y les enseñarás el fuero del rey que va a reinar sobre ellos, y diles también que cuando se den cuenta de su error, ya será **demasiado tarde para recobrar la libertad**, pues, 'el Señor no va a oírles en aquel día '".*

Esta 'advertencia' deja muy, muy, claro que, cuando ponemos nuestra fe en el Estado ya no hay ningún modo de sacarnos la soga de nuestro cuello.

Entonces Samuel expuso al pueblo cuál sería el nuevo orden de cosas bajo un 'rey':

"He aquí el fuero del rey que va a reinar sobre vosotros. Tomará vuestros hijos y los destinará a sus carros y a sus caballos y tendrán que correr delante de su carro. A algunos los empleará como "capitanes" de mil y "capitanes" de cincuenta, que os harán labrar 'sus' campos, segar 'su' cosecha, fabricar 'sus' armas de guerra y los arreos de 'sus' carros."

Es decir, en primer lugar habrá servicio militar obligatorio, reemplazando el sistema de voluntariado que también había servido a los miembros de la tribu en todas sus peregrinaciones. El término "capitán" puede parecer ambiguo, sin embargo alude claramente a que el rey (el

Gobierno) se rodeará de una nobleza (burocracia, funcionariado, casta privilegiada, etc.) Continúa...

"Tomará vuestras hijas para perfumistas, cocineras y panaderas. Tomará vuestros campos, vuestras viñas y vuestros mejores olivares y se los dará a sus servidores (familiares, miembros del partido y demás privilegiados)...

Es decir, el rey tomará la mejor de vuestras "tierras" (os sangrará vuestro capital) y lo repartirá entre sus oficiales y sus criados, estableciendo así una 'aristocracia' que claramente prohibían las leyes de Moisés.

¡Pero hay más!: para el mantenimiento de su "establecimiento" habrán impuestos obligatorios, algo nuevo para los israelitas. Y termina diciendo: *"vosotros mismos seréis sus esclavos"*. Más claro el agua...

"... tomará el diezmo (impuestos) *de vuestros cultivos y vuestras viñas para dárselo a sus eunucos* (los que no producen) *y a sus servidores* (sin comentarios). *Tomará vuestros criados y criadas, y vuestros mejores bueyes y asnos, y los hará trabajar para él. Sacará el diezmo de vuestros rebaños, y vosotros mismos seréis sus esclavos."*

Pero los mayores estaban obstinados con su demanda de autoridades políticas.

Tal vez algunos eran unos incautos, pero es de suponer que la mayoría de aquellos nuevos ricos esperaban solidificar su posición bajo una monarquía (Estado). El miedo se instaló en sus corazones y prefirieron cambiar su *libertad* por la "promesa" de una engañosa *seguridad*, aunque fuera subordinada.

Parece que la búsqueda de un semidiós o un ídolo (una "institución" hecha por el hombre) es inherente a la condición humana; el miedo a los retos de la vida tiende a debilitar la independencia y nos anima el deseo de un "protector". Y Samuel ungió a Saúl.

A partir de aquel momento, los problemas de Israel se multiplicaron. Una avalancha de guerras contra los Filisteos, con variados grados de éxito, y la disensión interna, antes rara entre los miembros de la tribu, se hizo común.

Algunos pretendían seguir a Saúl (los privilegiados) mientras que la mayoría se rebelaron contra sus nuevas reglas. Más exactamente, se resistieron al establecimiento de aquellas "instituciones" que Samuel les había advertido *claramente* que vendrían junto a un rey.

Pero, como Samuel les había dicho, no **había ningún modo de recobrar la libertad una vez instalado el Estado.** Y el nuevo rey, ungido por Samuel, tuvo que luchar para mantener el "trono" en medio de lo que hoy llamaríamos una constante 'revolución'.

Por supuesto que aquella lucha por el poder, fue embellecida con los clásicos tópicos morales de siempre (solidaridad, bien común, justicia, porque Dios lo quiere, etc., etc.).

La obsesión de cualquier poder político es adquirir una calidad "supra-personal", en sí misma, sin tener en cuenta la bondad de la persona que lo detenta, para asegurarse así una adoración (sumisión) pública. Y, aunque el titular se muestre indigno, el aura de "divinidad", con que los poderosos se rodean, crea un seto para proteger su chiringuito.

Continuando con nuestra historia, diremos que, aunque la gente de Israel había pedido un rey, el espíritu de la libertad aún no había desaparecido completamente. Inmediatamente después de la concesión de su deseo, empezaron a 'más que a rebotarse'... y, Saúl nunca logró poner una sólida base a la monarquía...

David, el segundo rey, tuvo más éxito. Tuvo cuarenta años para acostumbrar a los miembros de la tribu a la nueva institución; la siguiente generación había alcanzado su madurez durante su reinado y para ellos sus derechos eran "modernos", verdaderos y vibrantes, mientras la libertad de sus antepasados era simplemente una antigualla. Sin embargo, David también tuvo que hacer frente a frecuentes insurrecciones y, al final, a una guerra de sucesión.

A pesar de todos aquellos problemas, sí tuvo éxito, según vemos en el Segundo Libro de Samuel, en alistar el marco necesario para un correcto funcionamiento del Estado; es decir, rodeó la monarquía con una casta de apoyo de *"hombres fuertes"* análogo a lo que hoy llamaríamos una clase privilegiada, y con un grupo de *"criados eficientes"*, cuyas funciones corresponden a las de los burócratas actuales. De esa manera él facilitó la consolidación del poder del siguiente rey: Salomón.

La historia de Saúl-David-Salomón ilustra la gestación del Estado. Al principio, uno, con aspiraciones de cacique, lucha para hacerse con el poder como un lobo solitario, derribando a sus rivales y concentrando todo el poder en sus manos. Este método tiene éxito en tanto que el área de su soberanía está limitada por su capacidad de supervisión personal.

Pero cuando su ansia de poder está más allá de su capacidad, como siempre pasa, el lobo solitario se encuentra obligado a delegar un poco su poder y compartir sus privilegios con una oligarquía de apoyo —militar, eclesiástica, o intelectual y, al tiempo, comercial, bancaria o industrial— a cambio de los privilegios que él les concede. Todos ellos son como los fosos de su castillo. Y, además de éstas favorecidas castas, él debe rodear su ciudadela con una serie de bien pagados "*criados*" (burocracia), expertos en tener cuidado en hacer efectiva su soberanía, de modo que esto pueda funcionar con la menor fricción.

El Estado no es, como muchos 'científicos políticos' opinan, una cosa inanimada, sino que está compuesto por gente, por seres humanos, cada uno operando bajo el nefasto deseo de vivir lo mejor posible, con el mínimo esfuerzo. Se diferencian de los otros seres humanos únicamente por el hecho que ellos han elegido (porque creen que así es "rentable") la política, o son meros predadores, para así satisfacer sus deseos, en vez de atenerse a medios los económicos y productivos que exige una 'plaza de mercado'.

Finalmente, la "sabiduría" de Salomón fue demostrada en su capacidad para consolidar su poder. En primer lugar apuntaló bien su reinado, ya que sus capitanes, sus príncipes, sus sacerdotes, criados y las clases privilegiadas, "*no carecían de nada.*" Él sobornó a la posible oposición y evitó en grado considerable las guerras costosas y perjudiciales de sus precursores. Prefirió recurrir al soborno diplomático para comprar, con las riquezas que expoliaba al pueblo, a reyes pequeños y potencialmente molestos en el perímetro de su dominio. Pero su preocupación principal estaba en cómo dirigir los asuntos internos y en la adquisición de un bien que "agarrase" a su gente, que embelleciese el mito de la "autoridad". El Templo que él construyó fue una muestra de su genio político; con ello cubrió la monarquía de un aura de omnipotencia.

De esto se trata con los programas públicos de trabajo: llevar a cabo el primer objetivo político; dar al Estado el carácter de un "hacedor de grandes cosas sociales". Este es el requisito previo para mantener el poder sobre la gente.

En cuanto a su método de financiar aquellos trabajos públicos, el libro 1º de las Crónicas no nos instruye acerca de este asunto, excepto que Salomón empleaba a 'esclavos' judíos (a pesar de que aquella forma de explotación era aplicable —conforme la ley hebrea— únicamente a extranjeros.) y también exigía grandes tributos a príncipes vecinos.

Pero en cuanto a los "impuestos" al propio pueblo, la Biblia no nos habla de ello hasta llegar al 2º libro de las Crónicas (capítulo 10), que trata de la entronización de su hijo Roboam.

La Crónica dice que todo Israel fue a verle y le dijeron: "*Tu padre ha hecho pesado nuestro yugo; ahora tú aligera la dura servidumbre de tu padre y el pesado yugo que puso sobre nosotros y te serviremos"*

—¡Ah!, ¿así que fue a base de trabajo obligado y de pesados impuestos cómo el Estado de Israel alcanzó el ápice de su gloria bajo Salomón? ¡Naturalmente que sí! Su famosa opulencia fue a costa de arruinar y embrutecer a la Sociedad.

La designación de los impuestos como un "yugo" es una buena prueba de la franqueza —y contundencia— bíblica. Un yugo es llevado por un buey, una bestia que, por su naturaleza, es incapaz de reclamar la propiedad del producto de su trabajo. De manera que, cuando un humano es privado de este derecho, su estado se acerca al de un buey y, si los impuestos le arrebatan casi todo lo que él produce, dejándole sólo lo indispensable para mantenerse en vida (el salario de un buey), éstos pueden ser correctamente llamados: un yugo.

Los israelitas suplicaron a Roboam que rebajase la carga fiscal que su padre Salomón (el Estado) les había impuesto (Crónicas 2/10-4). La historia nos dice que Roboam rechazó la súplica *"de todo Israel,"*; por el contrario, les prometió un aumento de impuestos: *"Mi padre hizo pesado vuestro yugo, yo lo haré más pesado todavía; mi padre os azotó con azotes, pero yo os azotaré con escorpiones[2]"*.
Entonces, sigue la Crónica, se alzó una rebelión contra los impuestos, y apedrearon hasta matar al recaudador jefe Adoram.

---

[2] Al principio, los 'látigos' estaban hechos con tiras de cuero. Más tarde se incorporaron, en aquellas tiras, unos huesecillos de buey para hacer más daño. A esos se les llamaban "escorpiones".

Este incidente nos da otra lección de ciencia política. A saber, que el Estado nunca consigue el predominio completo sobre una Sociedad (pues, si esto hiciera, la Sociedad se acabaría desintegrando y con ella el Estado al carecer de 'nutrición') pero que siempre habrá críticos y rebeldes. Pero, <u>si se sobrepasan los límites</u>... *"Entonces el rey Roboam se apresuró a subir a su carro para huir"*. Y, el libro concluye así: *" Y Israel está en desobediencia contra la casa de David hasta el día de hoy"*...

Después de Salomón hubo muchos reyes en Israel y todos fueron incordiados por profetas que amonestaban a la gente a volver a los primeros principios. Pero, ni caso...

Este magnífico relato nos muestra muy claramente la naturaleza del Estado. Todos empiezan con moderación pero todos —sin excepción— acaban devorándolo todo. Y para llevar a cabo esta depredación, el Estado se apoya en tres pilares: la Ley, la Burocracia (*'criados eficientes'*) y en una "casta privilegiada" (*'hombres fuertes'*).

Empecemos por la ley...

CAPÍTULO 6

La "pervertida" Ley

Cuanto más corrupto es el Estado,
más numerosas son las leyes
Tácito,
historiador, senador y cónsul. Roma 55-120

La vida, la libertad y la propiedad
no existen por razón de leyes hechas por los hombres.
Por el contrario, la vida, la libertad y la propiedad existen
con anterioridad a aquello que hizo a los hombres
hacer leyes por primera vez
Fréderic Bastiat,
(1801-1850), Francia. Economista y legislador

Vivimos en una sociedad enferma,
llena de gente que no iría directamente a robarle a su vecino,
pero que está perfectamente dispuesta a demandar
al gobierno que lo haga por ella.
Wiliam Comer,
economista y asesor fiscal. USA

Hemos visto cómo los individuos —cuando aún eran libres— delegaron, para defender su vida, su libertad y su propiedad (los frutos de su esfuerzo), el monopolio del uso de la fuerza a unos especialistas, llamados "Gobierno". Pero también hemos visto que aquella autoridad, convertida con el tiempo en un gran Estado, siempre acaba contra todo aquello que se suponía debía proteger. Para ello utiliza en primer lugar a "la ley". Es decir, los Estados modernos expolian a la Sociedad, no por la fuerza bruta como lo hacían los antiguos Estados, sino "¡legalmente!"

Para hablar de esto —y como no me veo capaz de mejorar, ni incluso igualar, lo que ya está escrito— haré un resumen del libro *"La Ley"*, del economista y político francés del siglo XIX, Fréderic Bastiat. A pesar de que fue publicado en 1850, ¡hace más de ciento sesenta años!, (después de perderse los ideales de la Revolución Francesa: "libertad, "igualdad" y "fraternidad) sigue siendo tan claro, conciso y actual, que no hace falta que yo añada nada. He aquí sus palabras:

"¡La ley, pervertida! La ley —y tras ella todas las fuerzas colectivas de la nación— no sólo han sido apartadas de su finalidad, sino que se aplica para contrariar su objetivo natural. ¡La ley convertida en instrumento de todos los apetitos inmoderados, en lugar de servirles de freno! ¡La ley realizando ella misma la iniquidad, de cuyo castigo estaba encargada! Ciertamente se trata de un hecho grave y sobre el cual debe serme permitido llamar la atención de mis conciudadanos.

De Dios nos viene el don que, para nosotros, los contiene todos: La Vida; la vida física, intelectual y moral. Sin embargo, la vida no se mantiene por sí misma. Aquel que nos la ha dado ha dejado a nuestro cargo el mantenerla, desarrollarla y perfeccionarla.

Para ello nos ha dotado de un conjunto de facultades maravillosas y nos ha puesto en un medio compuesto por muy diversos elementos. Aplicando nuestras facultades a estos elementos (los que nos ofrece la Naturaleza), *es como realizamos el fenómeno de la transformación y de la producción, por medio de las cuales la vida recorre el camino que le ha sido asignado: Existencia, Facultades y Producción. O, dicho en otros términos: Personalidad, Libertad y Propiedad; he ahí el hombre.*

De esas tres cosas sí puede decirse, fuera de toda sutileza demagógica, que son anteriores y superiores a cualquier legislación humana. La existencia de la Personalidad, de la Libertad y de la Propiedad, no se debe a que los hombres hayan dictado Leyes. Por el contrario, la preexistencia de su personalidad, libertad y propiedad, es lo que determina que los hombres puedan hacer leyes.

¿Qué es, pues, la ley? Es la organización colectiva del derecho individual a la legítima defensa. Cada uno de nosotros ha recibido, ciertamente de Dios, el derecho de defender su personalidad, su libertad y su propiedad, ya que estos tres elementos son los esenciales requeridos para defender la vida; elementos que se complementan el uno al otro, sin que pueda concebirse uno sin el otro. De manera que, si cada hombre tiene el derecho de defender su persona, libertad y propiedad, varios hombres tienen el Derecho de organizar una fuerza común para encargarse regularmente de esta defensa.

El derecho colectivo tiene, pues, su principio y razón de ser —su legitimidad— en el Derecho Individual; y esta "fuerza común" no puede tener otra finalidad que la que corresponde a las fuerzas aisladas a las cuales sustituye (la defensa de la persona, de su libertad y propiedad).

Es decir, para hacer reinar para todos la justicia. Y, así como la fuerza de un individuo no puede atentar contra la persona, libertad y propiedad de otro individuo, por la misma razón la fuerza común no puede aplicarse "legítimamente" para destruir a la persona, a la libertad o a la propiedad de ningún individuo o de ninguna clase.

Si existiera un pueblo constituido sobre esta base prevalecería el orden, tanto en los hechos como en las ideas. Tal pueblo tendría el Gobierno más simple, más económico, menos pesado, el que menos se haría sentir y, a la vez, el más justo y, por consiguiente, el más perdurable que pueda uno imaginarse, cualquiera que fuera, por otra parte, su forma política. Porque, bajo un régimen tal, cada uno comprendería bien cuál es su responsabilidad. Con tal que la persona fuera respetada, el trabajo fuera libre y los frutos de ése estuvieran garantizados contra todo ataque injusto, nadie tendría nada que reclamar al Estado. Si logramos que nuestra vida sea exitosa, no tendríamos que dar las gracias al Estado; y si fracasamos, no le culparíamos de ello. El Estado se haría sentir sólo por el inestimable beneficio de garantizar las tres seguridades (Repito: personalidad, libertad y propiedad de los frutos de su trabajo)

Por desgracia, la ley del Estado ha procedido en forma contraria a su propia finalidad; se ha aplicado a aniquilar aquella justicia que debía hacer reinar, al traspasar aquellos límites que era su misión hacer respetar. Por el contrario, ha puesto la "fuerza colectiva" al servicio de quienes quieran explotar —sin riesgo ni escrúpulos— a las personas, a sus libertades y a los frutos de su trabajo. Ha convertido el derecho a la legítima defensa, en crimen.

¿Cómo se ha llevado a cabo semejante perversión de la ley? La ley se ha pervertido bajo la influencia de dos causas: el egoísmo, carente de inteligencia, y la falsa filantropía. Hablemos de la primera, del egoísmo mal entendido.

*La aspiración común de los hombres es conservarse y desarrollarse; de manera que si cada uno gozase del libre ejercicio de sus facultades y de la libre disposición del producto de sus esfuerzos, el progreso social sería incesante, ininterrumpido e infalible. Pero hay otra disposición, que también es común a todos los hombres: **la que nos induce a vivir y desarrollarnos** —cuando podemos— **a expensas de otros**. Esta funesta inclinación nace de la constitución misma del hombre, de ese sentimiento primitivo, universal e invencible, que nos empuja hacia el bienestar, pero que nos hace huir de la incomodidad y del esfuerzo.*

Sin embargo, el hombre, que no está para expoliar a otros, no puede vivir y disfrutar sino por medio de un perpetuo trabajo sobre lo que le ofrece la naturaleza. De ahí emana la Propiedad.

Pero también es cierto que se puede vivir y disfrutar, apropiándose y consumiendo lo que otros han producido. De ahí emana la Expoliación.

Evidentemente, la ley debería tener por finalidad oponerse a esta funesta tendencia. Es decir, debería tomar partido por la propiedad y estar en contra de la *expoliación. Pero como las leyes están hechas por hombres, esto explica la perversión casi universal de la ley. En lugar de constituir un freno contra la injusticia, <u>se ha convertido en un instrumento de la injusticia</u>. Y la 'ley de los hombres' degenera convirtiendo la personalidad en esclavitud, la libertad en opresión, y la propiedad en expoliación.*

Sin embargo, también está en nuestra naturaleza reaccionar contra la iniquidad de la que somos víctimas.

Así pues, cuando la expoliación es "legalizada", en beneficio de las clases que la dictan, las clases expoliadas exigen, por vías pacíficas o revolucionarias, participar en la confección de las leyes. Y, según el grado de esclarecimiento a que hayamos llegado, podemos tener dos objetivos muy diferentes al reclamar nuestros "derechos políticos": o pretendemos cesar con la expolición legal o aspiramos a participar en dicha expoliación.

¡Desgraciadas, tres veces desgraciadas, las naciones en las cuales sea este último pensamiento el que predomine en las masas en el momento en que se apoderan de la facultad de legislar!

Hasta la época presente, la expoliación legal era ejercida por un pequeño grupo contra la mayoría (antes de la Revolución francesa), *pero he aquí que se ha vuelto universal, ya que hoy se busca desquitarse de aquel desequilibrio con la expoliación universal. En lugar de extirpar lo que la sociedad contenía de injusticia, se generaliza esta última. Ya que, en el momento en que las clases desheredadas han recuperado sus derechos políticos, su primer pensamiento no ha sido liberarse de la expoliación, sino convertirse en expoliadoras, antes que ocuparse del advenimiento del reinado de la justicia.*

Desgraciadamente, no podía introducirse en la sociedad un cambio más destructivo que éste: **la ley convertida en un instrumento generalizado de expoliación.**

Y, ¿cuáles son las consecuencias de una perturbación semejante? Se necesitarían varios volúmenes para describirlas todas. Contentémonos con indicar la más sobresaliente: la de borrar en todas las conciencias la distinción entre lo justo y lo injusto.

Ninguna Sociedad puede existir si no impera, en algún grado, el respeto a las leyes; pero lo que da más seguridad para que sean respetadas es que éstas sean respetables.

Cuando la ley y la moral se encuentran en contradicción, el ciudadano se encuentra en la cruel disyuntiva de: o perder la noción de lo moral, o de perder el respeto a la ley; dos desgracias tan grandes, la una como la otra, y entre las cuales es difícil elegir.

Hacer reinar la justicia está tan en la naturaleza de la ley, que la gente cree que ley y justicia es lo mismo. De manera que todos tenemos una fuerte inclinación a considerar lo legal como legítimo, hasta tal punto que la mayoría de la gente da por sentado que toda justicia emana de la ley. Basta pues que la ley ordene y consagre la expoliación, para que ésta parezca justa y sagrada para muchas conciencias. La esclavitud, la imposición, la restricción y el monopolio, encuentran defensores no sólo entre los que se benefician de ello sino incluso entre los que por ello sufren. Y si alguien pone a estas leyes en duda, se le acusa de peligroso, utopista, antisocial y desprecialeyes; es decir, se le acusará de pretender conmover la base sobre la cual reposa la sociedad.

Sin embargo, cuando se introduce el principio funesto de que, con el pretexto de reorganización, nivelación o ayuda, la ley puede quitar lo de unos para dárselo a otros, unas veces a los agricultores, otras a los artistas o a los periodistas y, otras, a los banqueros o a los industriales, ya estamos corrompiendo a la ley.

¡Ah!, por cierto, no hay clase que no pretenda echar mano a la ley; que no reivindique 'sus derechos' y que no esté dispuesta a trastornar a la Sociedad, antes de renunciar a sus pretensiones. '¡Ya que cada uno explota la ley en su provecho —dicen— también nosotros queremos explotarla! Queremos sacar de ahí el derecho a la beneficencia, que es nuestra parte en la explotación. Para ello es necesario que seamos electores y legisladores, a fin de que organicemos a gran escala la limosna para nuestra clase, tal como, en su día se organizó en gran escala la protección para la clase privilegiada. ¡Que no se nos diga que ya se nos dará nuestra parte, que nos será arrojada para hacernos callar como un hueso para roer! ¡Tenemos otras pretensiones y, en todo caso, queremos dictar preceptos en nuestro beneficio, así como las otras clases lo hicieron en provecho suyo!'

¿Qué puede contestarse a estos argumentos?

Mientras sea admitido que la ley pueda desviarse de su misión verdadera, que pueda violar los derechos de propiedad **en lugar de garantizarlos**, cada clase querrá hacer la ley a su conveniencia: sea para defenderse contra la explotación, sea para organizarla en provecho propio. Es decir, que **la cuestión política prevalecerá sobre la justicia**.

De manera que la ley participe en la expoliación, a fin de ahorrarle al beneficiario la vergüenza, el peligro y el escrúpulo, poniendo todo su aparato de inspectores, policía, jueces y prisión, al servicio del expoliador, tratando como criminal al expoliado que se defiende. Ésta es la expoliación legal.

Y, ¿cómo reconocerla? Es muy sencillo: hay que examinar si la ley quita a algunos lo que les pertenece para dárselo a quienes no les pertenece. Hay que examinar si la ley realiza, en provecho de un ciudadano o de un grupo y en perjuicio de los demás, un acto que aquel ciudadano o grupo no podría realizar sin incurrir en criminalidad. Si es así, debe derogarse esta ley cuanto antes, pues no constituye solamente una iniquidad, sino que ella es la fecunda fuente de todas las iniquidades; porque provoca represalias, y, de no tenerse cuidado con el hecho "excepcional", acabará extendiéndose y multiplicándose hasta transformarse en algo sistemático. Sin duda, el beneficiario chillará: invocará derechos adquiridos. Dirá que el Estado debe protegerle, alegará que es bueno que el Estado se enriquezca, porque siendo rico gastará más, derramando así una lluvia de dinero sobre la economía *nacional. Y esta es la quimera de hoy: generalizar la expoliación bajo el pretexto de 'solidaridad'.*

La expoliación legal puede ejercitarse de infinitas maneras; de ahí la infinita multitud de normas, reglamentos, regulaciones, estatutos, códigos, ordenanzas, proteccionismos, subvenciones, primas, estímulos, fomentos, impuestos progresivos, derecho al trabajo, derecho a la ganancia, derecho a un salario digno, gratuidad del crédito, etc. Y es el conjunto de todas estas medidas, que tienen en común la expoliación legal, lo que toma el 'mágico' nombre de "progresismo". Éste no apela a la expoliación extra-legal, sino <u>a la expoliación legal</u>.

Es, pues, absolutamente necesario que este asunto de la expoliación legal se resuelva, y no hay más que tres salidas:

1ª. Que los menos expolien a los más.
2ª. Que todos expolien a todos.
3ª. Que nadie expolie a nadie.

Hay que elegir. La ley no puede perseguir sino una de estas tres alternativas.

La expoliación parcial era el sistema que prevaleció mientras no había sufragio universal.
La expoliación universal es el sistema que nos está amenazando desde que el sufragio se ha hecho universal, ya que las masas (ojo, <u>sus representantes</u>) *han concebido la idea de legislar basándose en el mismo principio utilizado por los legisladores que las precedieron.*

Y, finalmente, que nadie explote a nadie, es decir, <u>la ausencia de explotación</u>, que es el principio de la justicia, de la paz, del orden, de la estabilidad, de la conciliación y del buen sentido, que proclamo con todas mis fuerzas, ¡ay! por muy insuficientes que sean, hasta mi último aliento.

Sinceramente, ¿puede pedirse otra cosa a la ley? La ley, que tiene como asistenta a la fuerza, ¿puede ésta razonablemente ser empleada para otra cosa que no sea su función de mantener el sagrado derecho de cada uno?

Desafío a cualquiera que pretenda extender su función más allá de este límite, sin volverla contra el derecho, contra la justicia.

*Y como ésta es la perturbación social más funesta y más ilógica que pueda imaginarse (utilizar la "fuerza" de la ley para hacer injusticia), deber ser reconocido que la verdadera solución, tan buscada para el problema social, se encierra en esas simples palabras: <u>La ley no puede ser nada más que **justicia organizada**.</u>*

Ahora, notémoslo bien, hacer que prevalezca la Justicia —por medio de la ley, es decir, mediante la fuerza—, <u>excluye</u> la idea de "organizar", por ley, (legislar) cualquier manifestación de la actividad humana: ya sea el trabajo, la caridad, el comercio, la industria, la educación, las artes o la religión; porque no es posible que una de esas organizaciones secundarias aniquile lo esencial: LA JUSTICIA.

En efecto, ¿cómo imaginar a la fuerza coartando la libertad de los ciudadanos sin que resulte dañada la justicia misma, es decir, sin actuar contra su propia finalidad?

Tropezamos aquí contra el prejuicio más popular de nuestra época. No queremos solamente que la ley sea justa; queremos también que sea 'filantrópica'. No estamos conformes con que garantice, a cada ciudadano libre y pacífico, el ejercicio de sus facultades aplicadas a su desarrollo físico, intelectual y moral. Por el contrario, exigimos que esparza directamente sobre la nación el bienestar, la instrucción y la moralidad. Este es el aspecto seductor del socialismo. Pero, lo repito, estas dos misiones de la ley se contradicen. Es necesario optar: no podemos al mismo tiempo ser libres y no serlo.

La expoliación legal tiene dos raíces: una, ya la hemos visto: el egoísmo humano; la otra es la falsa filantropía.

Antes de seguir adelante, creo que debo explicarme acerca de la palabra "expoliación". No tomo la expresión, como se hace demasiado a menudo, en un sentido vago, indeterminado, aproximado y metafórico. Me sirvo de ella en el sentido completamente científico, destinándola a expresar la idea opuesta a la de la propiedad.

Cuando una porción de riqueza pasa sin su consentimiento y sin su compensación de aquel que la ha adquirido a quien no la ha creado —ya sea por la fuerza o por el engaño— digo que hay ataque a la propiedad, produciéndose expoliación; esto es, precisamente, lo que la ley debiera reprimir en todas partes y siempre. Pero, si es la misma ley la que realiza el mismo acto que debiera reprimir, en este caso no digo que haya menos expoliación, *sino que este tipo de expoliación es muchísimo más dañina desde el punto de vista social. Ya que, en este caso, no sólo tiene la responsabilidad de esta injusticia, quien se aprovecha de la expoliación, sino que la responsabilidad es de la ley misma, del legislador y de la Sociedad, y de allí la existencia del gran peligro: <u>el peligro político.</u>*

*Aclarado este punto, examinemos qué es lo que vale, de dónde viene y dónde desemboca la aspiración popular que pretende realizar el bien general por medio de la expoliación generalizada. Los socialistas nos dicen: 'puesto que la ley organiza la justicia, ¿por qué no había de organizar el trabajo, la enseñanza y la moral ciudadana?' ¿Por qué...? Porque no puede organizar el trabajo, la enseñanza y la moral ciudadana, **sin desorganizar** la justicia.*

*Tengamos en cuenta que la ley es la fuerza (la fuerza que obliga) y, por consiguiente, el campo de acción de la ley no puede extenderse más allá del legítimo campo-de-acción de la fuerza. Cuando la ley y la fuerza **sólo** pretenden mantener a un hombre **dentro** de la justicia, no le impone otra cosa que una pura negación. <u>Sólo le impone **no** dañar a otros.</u> No atenta contra su personalidad ni contra su libertad ni contra su propiedad. Tan sólo salvaguarda la personalidad, la libertad y la propiedad de los demás.*

En este caso la ley, y la fuerza (que la acompaña), se mantienen a la defensiva: defienden "por igual" el derecho de todos. Ambas cumplen una misión cuya inocuidad es evidente, de utilidad palpable y cuya legitimidad es indiscutible.

*Esto es atenerse a la finalidad de la ley: hacer reinar la justicia, **impidiendo el reinado de la injusticia.***

En efecto, no es la justicia quien tiene existencia propia, sino la injusticia. La una es el resultado de la ausencia de la otra.

De manera que, cuando la ley —por intermedio de su agente "necesario": la fuerza— impone un modo de trabajo, un método o una materia de enseñanza, una fe, una moral, una ideología o un culto, ya no actúa negativamente, sino que actúa de forma positiva sobre los hombres. <u>La voluntad del legislador sustituye a la libre iniciativa.</u> Las personas ya no tienen qué reflexionar, evaluar y optar, ni responsabilizarse de nada; todo eso, la ley lo hace por ellos. Nuestro libre albedrío y nuestra voluntad nos resultan unos artículos inútiles; cesamos de ser hombres; perdemos nuestra personalidad, nuestra libertad y lo propio nuestro (nuestra propiedad).

Inténtese imaginar una forma de actividad impuesta por la fuerza que no constituya un atentado a la libertad, y una transmisión de riqueza por la fuerza que no sea un atentado a la propiedad.

Al ver pues que esto resulta del todo imposible, debemos reconocer que la ley no puede organizar el trabajo, la banca o la industria, sin organizar la injusticia.

Es natural que, un político, aislado en su oficina, al pasar su mirada sobre la sociedad, se conmueva por el espectáculo de desigualdad que se le presenta, y que se hace aún más entristecedora por su contraste con el lujo y la opulencia. Pero a este político tal vez le correspondería preguntarse si tal estado social no tiene por causa las leyes. Debiera preguntarse, dada la aspiración de todos los hombres hacia el bienestar y el perfeccionamiento, si no es suficiente el reinado de la justicia para realizar la mayor actividad de progreso y la mayor suma de igualdad, compatibles con la responsabilidad individual que Dios ha establecido para que virtudes y vicios tengan cada uno su justa consecuencia.

Sin embargo, los políticos ni siquiera se hacen tales preguntas; su pensamiento apunta a combinaciones, arreglos, y a nuevas reorganizaciones legales, buscando el remedio en la exageración y perpetuación de lo que produce el mal. Porque, fuera de la justicia, —que como hemos visto no es más que la negación de lo injusto—, ¿existe acaso algún arreglo legal que no contenga el principio de expoliación?

Se dice: 'He aquí a un hombre que carece de riqueza', y se apela a la ley. Pero el caso es que la ley no es una ubre que se llene por sí misma, o cuyos vasos lactíferos puedan surtirse en otra parte fuera de la Sociedad misma. Nada ingresa el tesoro público, para beneficio de un ciudadano o de una clase, que no sea aquello que otros ciudadanos u otras clases han sido forzados a poner en él. Si cada uno no retirara otra cosa que el equivalente de lo que ha puesto, cierto sería que la ley no resultaría expoliativa, pero, en este caso, nada haría a favor de aquellos hombres que carecen de riqueza: no haría nada en pro de la igualdad de ingresos. No puede ser elemento "igualador", sino en cuanto quita a unos para dárselo a otros: entonces se convierte en el instrumento de la expoliación.

Examinemos desde este punto de vista: el proteccionismo, las leyes del trabajo, el derecho a la beneficencia, el derecho a la instrucción, los impuestos progresivos, la empresa socializada, la gratuidad del crédito, etc., y siempre se encontrará en el fondo la expoliación legal y la injusticia organizada.

También se dice: 'He aquí a hombres que carecen de espíritu 'solidario', y se apela a la ley. ¿Y qué hace? Disfrazarse hábilmente, bajo los seductores nombres de fraternidad, solidaridad, colaboración y justicia. Y, si nosotros pedimos únicamente a la ley que no haga "injusticia", el 'socialismo' "supone" que rechazamos la fraternidad, la solidaridad, la colaboración y justicia, lanzándonos el epíteto de individualistas insolidarios.

Sin embargo, sépase que lo que rechazamos no es la solidaridad natural, sino <u>la solidaridad forzada</u>. No es la colaboración libre lo que rechazamos, sino las formas de colaboración que <u>pretenden imponernos</u>. No es la fraternidad espontánea lo que rechazamos, sino <u>la fraternidad impuesta</u>. No es la solidaridad humana lo que rechazamos, sino <u>la solidaridad artificial</u>, que <u>no es otra cosa que un injusto</u> 'desplazamiento' <u>de responsabilidades</u>.

El socialismo, igual que las antiguas ideas de donde procede, confunde el Gobierno con la Sociedad. Por eso, cada vez que nos oponemos a que el gobierno haga algo, saca de ahí la conclusión de que no queremos en absoluto que aquello se realice. Como rechazamos la instrucción del

Estado, concluyen que no queremos instrucción. Como rechazamos la "religión" del Estado, concluyen que no queremos religión. Como rechazamos la igualación por el Estado, concluyen que no queremos igualdad, etc., etc. Es como si se nos acusara de no querer que los hombres se alimenten, porque rechazamos el cultivo de trigo por el Estado.

¿Qué es libertad —esa palabra que tiene el poder de hacer palpitar todos los corazones y de agitar al mundo— sino el conjunto de <u>todas</u> las libertades? Libertad de conciencia, de enseñanza, de asociación, de prensa, de locomoción, de contratación, de trabajo, de intercambio. En otros términos, el ejercicio, en ausencia de interferencias ajenas, de todas las facultades que no perjudiquen los iguales derechos de los demás, y de reducir la ley a su única atribución racional, que es la de reglamentar el derecho individual a la legítima defensa, y de reprimir la injusticia.

Debe convenirse que esta tendencia, hacia la libertad del género humano, se ve en muy contrariada por la funesta inclinación común a todos los pretendidos "intelectuales" de colocarse fuera de la humanidad para arreglarla, organizarla e instruirla a su capricho.

Mientas que la Sociedad se agita para alcanzar la libertad, los 'grandes hombres' que se colocan a su cabeza, no piensan sino en doblegarla bajo el filantrópico despotismo de sus invenciones sociales y en hacerla soportar dócilmente el yugo de la 'felicidad pública', tal cual ellos han imaginado. Parece que, a sus ojos, los

> *hombres no somos más que vil materia prima. No nos corresponde querer el bien; somos incapaces de ello; le corresponde al legislador hacerlo. Sin embargo, los reformadores, legisladores e intelectuales no reclaman ejercer sobre la humanidad un despotismo sin tapujos. No. Son demasiado 'sofisticados' y 'filantrópicos' para eso; no piden más que el despotismo, el absolutismo y la omnipotencia por medio de la ley. Ellos solamente pretenden dictar las leyes.*

Esta 'pretensión' de los "organizadores" da lugar a otra pregunta, que a menudo les he formulado, y a la cual, que yo sepa, jamás han dado respuesta.

Desde que las tendencias naturales de la humanidad son tan malas, como para que deba privárseles de la libertad, ¿cómo resulta que las tendencias de los organizadores puedan ser tan buenas? ¿Acaso los legisladores, y sus agentes, no forman parte del género humano? ¿Es que se creen amasados con diferente barro del que sirvió para el resto de los hombres? Dicen que, la Sociedad abandonada a sí misma, corre fatalmente al abismo, porque sus instintos son perversos y que únicamente pretenden detenerla de esa pendiente, imprimiéndole una nueva dirección.

Pues, bien. Si ellos han recibido del cielo inteligencia y virtudes que los colocan fuera y por encima de la humanidad, ¡que nos muestren sus títulos! ¿Quieren ser pastores?, ¿quieren ser amos? Tal arreglo presupone en ellos una superioridad de naturaleza, con respecto a la cual, tenemos todo el derecho de pedir previamente la prueba.

Hay que decirlo: en el mundo hay demasiados "grandes hombres"; hay demasiados legisladores, organizadores, planificadores, conductores de pueblos, padres de la patria. Demasiada gente <u>que se coloca por encima de la humanidad</u> para regentarla. Demasiada gente "que hace oficio", ocuparse de la humanidad.

Se me dirá: Usted que habla, ¡parece que también se ocupa bastante de ella! Cierto es. Pero habrá de convenirse que lo hago en un sentido y desde un punto de vista muy diferente, y que, si me meto con los 'planificadores', es únicamente con el propósito de que dejen en paz a la gente.

Hablo con el espíritu que animaba a aquel viajero que llegó a una tribu salvaje donde acababa de nacer un niño, y una turba de adivinos, brujos y 'sabelotodo' lo rodeaban armados con tenazas, garfios y ataduras. Decía uno: 'este niño no sentirá jamás el perfume de una pipa si no le alargo las narices'. Otro: 'quedará privado del sentido del oído, si no hago que sus orejas cuelguen hasta los hombros'. Un tercero: 'no verá la luz del sol, si no doy a sus ojos una dirección oblicua'. El cuarto: 'jamás podrá tenerse en pie, si no le encorvo las piernas'. El quinto: 'no podrá pensar, si no comprimo su cerebro'...

¡Atrás! —dijo el viajero—. Dios hace bien sus obras; no pretendáis saber más que Él. Y, ya que ha dotado de órganos a esta endeble criatura, dejad que estos órganos

se desarrollen y se fortifiquen por el ejercicio, los ensayos, la experiencia y la libertad'.

También Dios ha dotado a la humanidad de todo lo necesario para que ésta realice su destino. La ha provisto de una forma de ser, de la misma manera que la ha provisto de una forma humana. Es decir, sus órganos sociales también están constituidos en forma tal que pueden desarrollarse armónicamente al aire de la libertad.

¡Rechacemos, pues, a los farsantes y organizadores! ¡Atrás con sus tenazas, garfios y ataduras! ¡Afuera su "taller" socializado, su gubernamentalismo, su centralismo, sus planes, sus escuelas, su religión de Estado, su monopolio bancario, sus regulaciones y restricciones a la vida económica, su igualación por medio de los impuestos, y su piadosa moralización! Y, puesto que se han probado, en el cuerpo social, ya tantos sistemas, que se termine por donde debió empezar: que sean rechazados todos ellos, y que finalmente se ponga a prueba la Libertad, la Libertad que es un acto de fe en Dios y en sus obras."

Después de ver este espectacular, y lúcido, texto de Bastiat, —escrito hace 160 años—acerca del primer pilar que sostiene a los Gobiernos, veamos a continuación el segundo pilar: la "Burocracia" *(los "criados eficientes").*

CAPÍTULO 7

Burocracia
Los "criados eficientes"

*Cuando la compra y la venta están controladas por la
legislación, lo primero que se compra son los legisladores.*
P. J. O'Rourke
político y periodista. USA

*La política es el arte de conseguir que tus
intereses egoístas parezcan intereses nacionales.*
Thomas Sowell
escritor y economista. USA

*La burocracia es irradicable
como el cáncer una vez se ha arraigado.*
Albert Jay Nock (1870-1945)
escritor y ensayista. USA

Toda esta proliferación de leyes de coacción y expolio necesitan de una parafernalia de policías, inspectores, fiscalizadores, funcionarios y burócratas. Y a toda esa gran "maquinaria" —la *"maquinaria del Estado"*— se le llama una "institución". Pero, en el fondo, no es más que una casta que vive a costa de los demás.

Antes, el verdadero carácter del Estado era más evidente cuando ésta estaba formada por un grupo ajeno a la comunidad, ya fuesen unos conquistadores, un poder imperialista o una nobleza; es decir una "clase" distinta que se había hecho con el poder a base de fuerza. Su verdadera naturaleza estaba clara para todo el mundo.

Sin embargo, ahora, una especie de oscurantismo disfraza el *verdadero* carácter del Estado cuando éste está sujeto al cambio periódico y, en particular, cuando esta casta política y burocrática se convence, tanto a sí misma como a la Sociedad, de que sirve a un objetivo noble.

Pero detrás del slogan "servicio social" se oculta su verdadero carácter: servirse, ante todo, a sí mismos. Todos sus ingresos los obtienen a costa de los contribuyentes. Ellos no pagan impuestos; sus supuestos pagos son una mera ficción contable. La existencia de esta burocracia, de esta casta privilegiada, crea las dos eternas clases en conflicto: los contribuyentes netos y los consumidores netos de estos impuestos. Cuanto mayor sea la expoliación más inevitable será el conflicto entre el Estado y la Sociedad.

Hace unos años vimos cómo la población del Magreb, así como muchos países del Medio Oriente, tomaron las calles (la llamada Primavera Árabe) harta de que sus gobiernos autocráticos —junto al ejército de favoritos que caracteriza a todo estatismo— acaparasen toda la actividad económica, haciéndose con todos los recursos de la nación.

Sin embargo, sus manifestaciones se centraron más, *en contra* de qué estaban, que, *a favor* de qué estaban.

Sin embargo, ahora, que su población fue testigo de su poder *como* Sociedad, debería mirar con recelo a los nuevos "líderes", que se han vuelto a hacer con toda la economía del país, repartiendo, una vez más, todo el pastel entre su nuevo séquito.

No hay duda de que la salida de los antiguos "amos" representó un momento histórico, pero deberían tener en cuenta que todos los Estados están construidos sobre *ideas*, y éstas son más resistentes que cualquier hombre. Las antiguas personas fueron derribadas, o barridas del poder, *pero "el poder" está aún intacto*. Deberían tener en cuenta que, siempre que los instrumentos de poder coercitivo del Estado suplanten a los del libre mercado, el resultado será el dominio de unos pocos sobre la mayoría. Es la propia intervención del Estado en los "asuntos de la Sociedad", la que crea por sí misma las "clases" y el "conflicto".

De manera que sus reproches deberían haberse dirigido más a *instituciones* concretas, que a personas concretas. Les hubiera ido bien conocer el libro *"Una introducción a la historia"*, o el *"El Muqaddmimah"*, escrito por un musulmán tunecino del siglo XIV, Ibn Jaldun, que abarca muchos temas que harían bien en conocer, incluido el porqué del ascenso y la caída de las civilizaciones.

Sus observaciones "políticas" son tan pertinentes hoy, como lo fueron durante su época. Repito: ¡siglo XIV!.

Ibn Jhaldun hace énfasis en que *"el empobrecimiento de la Sociedad es consecuencia de que el Estado se involucra en el comercio y la producción"*. El gran sabio tunecino veía a la "gran burocracia" como un obstáculo para la expansión del comercio, la producción y la riqueza. Jhaldun abordó el problema de la tributación óptima, y cuál era el mínimo de servicios públicos, incentivos y marco institucional, para un buen funcionamiento de la economía. Repito, por tercera vez, ¡siglo XIV!

Para él, *"el papel del Estado debería ser únicamente establecer el orden público; el imperio de la ley, que es propio para las actividades económicas"*. Además, *"la aplicación de los derechos de propiedad, la protección de las rutas del comercio y la seguridad de la paz, son necesarias para que cualquier sociedad civilizada pueda dedicarse al comercio y la producción*. Y, continúa: *"El superávit económico aumenta cuando el gobierno establece políticas que favorecen las actividades económicas, por lo que el gobierno debería tomar una mínima cantidad de este excedente mediante impuestos, a fin de ofrecer los servicios mínimos necesarios y obras públicas"*. Por tanto, para Jhaldun, *"la tributación óptima ocurre cuando los gobiernos no desalientan la producción y el comercio mediante impuestos."*

"La tiranía del Estado ——dice, más adelante— *comienza con su participación directa en los asuntos comerciales y en los asuntos económicos, provocando con ello la disminución de las artes, la contracción del comercio y la disminución de la producción* [3]. *Con la participación del Estado, la riqueza desciende"*.

---

[3] Jhaldun, ya señaló, casi tres siglos antes que Adam Smith, que la "especialización" es la principal fuente de superávit (riqueza) económico. *"El trabajo combinado produce más de las necesidades de los trabajadores"* o *"lo que es obtenido mediante la cooperación de un grupo de seres humanos, satisface la necesidad de un número muchas veces mayor* (que ellos mismos)

Para Jhaldun, *"el mejor Estado es el que tiene el mínimo de burocracia, mínimo ejército mercenario para mantener la ley y el orden, y mínimo de imposición sobre sus ciudadanos"*.

También entendía (al igual que Adam Smith) que *"el beneficio es la principal motivación para el esfuerzo económico, ya que la expectativa de beneficio lleva a la expansión de la producción"*.

Además, defendía una política monetaria estable. Estaba en contra de la política de manipular el valor de la moneda. Temía que las autoridades *"puedan verse tentadas a corromper el valor del dinero a fin de construir sus palacios y financiar su ejército de mercenarios. La protección del poder adquisitivo del dinero tiene que ser implementado como un asunto de justicia."*.

Con el fin de lograr eso, Jhaldun propuso *"la creación de una agencia monetaria "independiente", bajo la autoridad de un Ministro de Justicia, 'temeroso de Dios'* (Es decir, temeroso de su Conciencia), *para prevenir a los gobernantes de la tentación de corromper el valor de la moneda"*. ¡Siglo XIV! Y lo más sorprendente viene a continuación:

"Cuando la gente ya no es capaz de hacer negocios, con el fin de ganarse la vida, cesa toda actividad lucrativa y la civilización cae y con ella todo cae. En efecto, el crecimiento del poder absoluto del Estado es la causa de la disminución de la prosperidad económica y, en consecuencia, del propio Estado"

Para el gran Ibn Jhaldun, la caída de una Civilización es consecuencia del Estado "total". Al principio de ésta (de la Civilización) *el deseo de un confortable modo de vida inspiraba a realizar actos heroicos, esfuerzos para superar las dificultades y construir. Sin embargo, llega un momento en que los hombres luchan nuevamente, no para las esperanzas que una vez tuvieron, sino motivados por el temor al hambre; luchan por la mera existencia, y al igual que el primordial hombre luchó por el mismo motivo, sale la bestia en el hombre, y regresa a la vida de las bestias".*

Las reflexiones de Jhaldun son tan pertinentes hoy como lo fueron durante su compulsa época (el principio de la decadencia del esplendor del islam).

Para nosotros, los occidentales, inmersos, también, en un imparable proceso de decadencia, son absolutamente clarificadoras.

Pero ¿cómo logran, tanto el Estado y su maquinaria, retrasar, en los países llamados desarrollados, el estallido del conflicto final? Persuadiendo a la opinión pública de que su función, de que sus actividades, son un brillante beneficio —en vez de una ruina— para los contribuyentes. Y para crear este "consentimiento" emplean a algunos intelectuales, la clase modeladora de opinión (periodistas, artistas, economistas, mass-media, etc.), para convencer a la opinión pública —y al legislativo en muchos casos— de su función como fuente de beneficio universal. O sea que son pagados con nuestros impuestos para que, encima, nos coman el "coco". Intentan persuadirnos de que el Estado es el pastor infalible de la multitud, el guía de la Buena

Sociedad, el remedio de todos los males, el fabricante de la abundancia, la encarnación de la justicia y la sublimación de las aspiraciones humanas.

Y aunque a estas alturas ya nadie —o casi nadie— de la Sociedad Civil se los cree, exigen cada día nuevos impuestos, nuevas reformas, nuevas leyes y nuevos reglamentos, con sus necesarias sanciones, para corregir nuestros malos hábitos; es decir, para *obligarnos* hacer lo que no queremos hacer.

Dicen que así abolirán la escasez, que implantarán la justicia social y crearán abundancia. Y si un nuevo reglamento, un nuevo impuesto o una nueva ley, no producen los resultados que los "ideólogos" o los "técnicos" creyeron, o empeora los males que decían corregir, el efecto neto es *siempre* el mismo: aumentar los recursos y el poder del Estado y su burocracia, debilitando así a la Sociedad.

Veamos un ejemplo:

La "medida" mejor explicada de toda la historia es la de José 'el Proveedor' (Génesis 37-48).

La Biblia nos dice que la cosa comenzó con un "sueño". Cosa típica, ya que todas las "grandes medidas" son paridas por la fantasía.

En este caso el mal que José quería corregir era una insuficiencia en los caminos de la naturaleza: el hambre iba a visitar a los egipcios y José tuvo una gran idea para remediarlo (por cierto, *"muy agradable a los ojos del Faraón"*, porque implicaba la imposición de una nueva imposición).

Aquí tenemos el caso conocido más temprano de

impuestos con "objetivos sociales."

La propuesta de José era tan segura, que el Faraón la adoptó al momento. Sacó inmediatamente al "reformador" de la cárcel de Putifar, y lo colocó ¡en el asiento del primer ministro! ¿Cuál fue el resultado de su "gran reforma"?

El impuesto sobre la renta del veinte por ciento, que José recaudó durante los años de abundancia, se amontonó en el tesoro público. Pero cuando llegaron los malos tiempos, los trabajadores, hambrientos, pidieron la devolución de su trigo, tal como se les había prometido.

Sin embargo, fueron informados de que, ahora, su propiedad confiscada ¡tenía un precio!

Al principio pagaron con todo lo que tenían, hasta que todo su capital, sus existencias, ganados y tierras pasaron al Faraón y, cuando se quedaron sin blanca, vino nuevamente el hambre. Entonces tuvieron que venderse como esclavos al Faraón.

He aquí la política agraria de José. (Génesis 47-10)

"No había pan en todo el país, porque el hambre era gravísima, y tanto Egipto como Cannán estaban muertos de hambre. Entonces José se hizo con toda la plata existente en Egipto y Cannán, a cambio del grano que ellos compraban, y José llevó toda aquella plata al palacio del Faraón.

Agotada la plata de Egipto y de Cannán, acudió Egipto en masa a José diciendo: 'Danos nuestro pan. ¿Por qué hemos de morir en tu presencia ahora que se ha agotado la plata?'

Dijo José: 'Entregad vuestros ganados y os lo daré por vuestros ganados, ya que se ha agotado la plata'. Trajeron sus ganados a José y José les dio pan, a cambio de caballos, ovejas, vacas y burros. Y les abasteció de pan a trueque de todos sus ganados por aquel año.

Cumplido el año, acudieron al año siguiente y le dijeron: 'No disimularemos a nuestro señor que se ha agotado la plata, y también los ganados pertenecen ya a nuestro señor; no nos queda a nuestra disposición nada, salvo nuestros cuerpos y nuestras tierras. ¿Por qué hemos de morir delante de tus ojos, así nosotros como nuestras tierras? Aprópiate de nosotros y de nuestras tierras a cambio de pan, y nosotros junto a nuestras tierras pasaremos a ser esclavos del Faraón'

De este modo José se apropió de todo el suelo de Egipto para el Faraón., Y redujo al pueblo a servidumbre, de cabo a cabo de las fronteras de Egipto."

La gran "idea" de José hizo lo que todas las "grandes ideas" hacen: aumentar el poder político a costa del poder social.

Tal vez José no lo quería, como es posible que no lo quieran algunos técnicos actuales. Sin embargo, tanto José, como estos últimos, deberían haber sabido que el Estado nunca renuncia a una posibilidad de acumular más poder y recursos. El "sueño" de cualquier reforma siempre presagia una ganancia para el "Faraón" de turno...

La Biblia —al menos aceptémosla como documento histórico— dice que la nueva ley propuesta por José fue llevada a cabo por *"eficientes oficiales que realizaban sus deberes con contundencia"*. Sin duda con la misma contundencia que la de cualquier funcionario de Hacienda de nuestros días. De eso viven...

La mente del burócrata se parece a la de un cuatrero que está fuera de la disciplina de la plaza del mercado; pretende ganarse la vida, no a través de la producción, sino a través de la depredación. Hasta aquí su semejanza, porque el "comercio" del burócrata es legalizado, y no sufre de la desaprobación social. Al ser "un funcionario público" su comercio adquiere un aura, que ni el ladrón ni el productor esperan. Y como su "trabajo" depende de la ley, y no de la producción, su máxima obsesión es cuantas más leyes mejor. Una proliferación de normas y reformas, significa una proliferación de empleos y poder burocrático.

En nuestra era "democrática", cuando los parlamentos pretenden hacer leyes, antes son los funcionarios quienes les dan el visto bueno o las tumban y —si no atentan contra sus intereses— son ellos los que las ponen en práctica, quienes estiman, o menosprecian los costes de la operación y quienes "acomodan" la maquinaria (con más empleos) para ponerlas en práctica. Ellos son los que realmente tienen el "poder" en sus manos. ¡Que a nadie se le ocurra atentar contra su "negocio"!

Ideológicamente la burocracia siempre es de "izquierdas" (si por este término se entiende lo que *realmente* significa: la ampliación del poder estatal), no tanto por una cuestión ideológica, sino debido a su interés personal y a la propia psicología de su comercio.

Una vez que una ley se inscribe en el "código de leyes", el articulado está más allá de aquellos que la hicieron, haciéndose coto privado de los que la operan. Cuantas más numerosas y prolijas sean las leyes, más importantes y autosuficientes son los funcionarios y burócratas. De manera que el verdadero organismo rector del país es, a la práctica, la burocracia. Y como el poder del Estado está en proporción directa a sus ingresos, los que en definitiva tienen su disposición todos los medios para hacerse con ellos, son los que realmente mandan.

Por tanto, cuando esta aristocracia reclama más medidas fiscales —o si estas ya están al límite— ¡más déficit!, están simplemente cuidando "su negocio". ¡Qué a nadie se le ocurra poner freno a los privilegios de esta casta!: los sindicatos de la función pública harán ver, a cualquier político ingenuo, que el verdadero poder está en sus manos…

> *La gente empieza a darse cuenta de que*
> *el aparato del Gobierno es costoso.*
> *Lo que aún no ven es que el peso recae sobre ellos.*
> **Frederic Bastiat**
> Escritor, legislador y economista del siglo XIX

Todo lo que prive a los miembros de la Sociedad de los frutos de su trabajo es una fuerza que va en contra del objetivo que los hizo juntarse; es decir, es una fuerza **dessocializadora**. Y entre los dispositivos que los hombres han inventado para derrotar los fines de cualquier Sociedad, ninguno es tan devastador como los impuestos obligatorios.

Actualmente, no existe absolutamente ninguna transacción, entre los miembros de la Sociedad Civil, ya sea de bienes o servicios, que no esté gravada con fuertes impuestos. Sacan "pernada" de todas partes. Todo está absolutamente controlado.

En la antigüedad, antes de que un "legalizado" sistema lo ofuscase, la naturaleza de los impuestos era mejor entendida, ya que consistía en requisar directamente de la propia casa del productor, los bienes que éste había conseguido con su esfuerzo: su trigo, su ganado, sus quesos u otras acumulaciones. Aquello era una prueba palpable de la naturaleza de los impuestos: la producción de escasez.

Nada cambia cuando el impuesto es recolectado en forma de dinero; todavía sigue siendo una parte de lo que el productor ha trabajado con la esperanza de satisfacer sus deseos: zapatos, pan, una nevera nueva, ocio o lo que sea.

Los impuestos no sólo roban a la plaza del mercado unos bienes consumibles, que son la verdadera medida de una economía nacional, sino que también reducen la capacidad productiva de la Sociedad por su absorción del ahorro nacional (capital).

Actualmente nos quejamos de que la banca no da crédito a las empresas. No hay crédito porque el Estado, para afrontar su enorme déficit, absorbe todos los ahorros de la Sociedad. Y "sin ahorros" para invertir en nueva maquinaria o en nuevas instalaciones productivas, no hay posibilidad de invertir en aquellos instrumentos que harían posible la abundancia futura. Por tanto, los impuestos no sólo privan al consumidor de las satisfacciones inmediatas, sino que, además, disminuyen la posibilidad de ellas en el futuro. En ambos casos los impuestos son una creación de la "institución de la escasez" y esto *no* es lo que los hombres tenían en mente cuando se fusionaron en Sociedad, y, cuando la carga fiscal se hace un yugo —como ocurre actualmente—, el servilismo al Estado se hace la condición necesaria de la vida. Y "servilismo" es lo que caracteriza al tercer pilar sobre el que se apoya el Estado.

> *Los impuestos transforman al ciudadano en súbdito,*
> *a la persona libre en esclava y al Estado*
> (nuestro supuesto 'servidor') *en dueño*
> *de nuestras vidas y haciendas.*
> *Cuanto mayores son los impuestos y*
> *más insidiosa la acción recaudatoria,*
> *más súbditos y más esclavos somos del Estado*
> **Arhur O. Fraser**
> economista y sociólogo británico

Vista la *"pervertida ley"*, y los *"criados eficientes"* (la burocracia), ya sólo nos queda echar un vistazo este tercer pilar, en que se apoya el "poder": los *"hombres fuertes"* ...

CAPÍTULO 8

Los "cómplices" del Poder
subvenciones, privilegios, monopolios, y otros chollos

El arte de gobernar generalmente consiste en
despojar de la mayor cantidad posible de
dinero a una clase, para transferirla a otra.
Voltaire (François Marie Arouet),
filósofo y escritor francés. (1694-1778)

Navidad es una época en la que los niños le piden a Papa Noél
qué es lo que quieren, y los adultos pagan por ello.
El déficit del Estado es cuando los adultos piden al gobierno
lo que quieren y los niños pagan por ello.
Richard Lamm,
abogado, político estadounidense, escritor y novelista

La gente debe aprender nuevamente a trabajar,
en lugar de vivir a costa de la asistencia del Estado.
Cicerón.
jurista, político, filósofo, escritor y orador romano. 106-43 a. C.

El 'mercado libre' no nos ofrece privilegios,
favores, subvenciones, exenciones,
monopolios... por eso es tan impopular
G. H. Zabin
Profesor norteamericano de economía política.

El dominio de una pequeña casta sólo es posible cuando la comunidad es relativamente pequeña. Sin embargo, cuando ésta crece, el poder debe tener una amplia base donde apoyarse; debe contar con suficientes hombres que lo apoyen, porque su interés está en ello. Estos constituyen la tercera columna sobre la que se apoya el Estado.

En la Edad Media los conquistadores consolidaban sus conquistas dividiendo la tierra entre sus favoritos, de modo que éstos pudieran vivir a cuerpo de rey, a costa de lo que producían los vasallos. Los políticos actuales, utilizando medios económicos similares, comparten su "imperio", no sólo con su corte de funcionarios y una multitud de asesores, cargos de confianza, familiares, adictos, medios de comunicación y titiriteros, sino estableciendo monopolios o semi-monopolios amparados por la ley, concediendo concesiones en exclusiva, y subvencionando a un sinfín de grupos privilegiados.

Financiando, a costa de los contribuyentes, a toda esta tropa el Estado obtiene así su incondicional apoyo.

¿Y de dónde salen los recursos para mantener a toda esta legión? Sólo de lo que arrebatan de la despensa de la producción. De ningún otro sitio pueden sacarlos.

Esto, junto a la enorme maquinaria del Estado, explica sus feroces prácticas predadoras.

El advenimiento del sufragio popular no ha cambiado en nada, ni a la eterna naturaleza del poder, ni a sus prácticas. Sin el apoyo de estos grupos privilegiados el Estado caería. Y este tramposo "contrato" se basa en el nefasto y destructor deseo de saltarse la ley del "esfuerzo".

El "máximo", con el mínimo esfuerzo

Todos somos consumidores y productores.

Ahora bien, como consumidores deseamos que haya la mayor cantidad de bienes (en la plaza del mercado), para poder escoger, entre muchas ofertas, el precio más competitivo.

Por el contrario, como productores queremos que haya "escasez". Así los consumidores tendrán que pagar el precio que nosotros fijemos …

Sin embargo, en una 'plaza del mercado' libre, donde hay "competencia", el único modo de captar clientes y obtener unos ingresos es ofrecer mejores bienes y servicios, en mayor variedad y más baratos que nuestros competidores. No hay otra fórmula. Ya que, aunque todos los 'competidores' estén motivados por su propio interés, al buscar lo que desean sus prójimos, y ofrecérselo al mejor precio, la rivalidad redunda en ventaja para toda la Sociedad. Para ganar el "favor" de sus conciudadanos cada competidor trata de "superarse" y superar así al competidor. Cada uno, por la cuenta que le trae, se esfuerza para *servir* mejor que su competencia.

Su opuesto es la incompetencia; método que consiste en acudir al gobierno para que obligue —por ley— a nuestros vecinos a que nos den lo que no logramos obtener a través de su libre voluntad. De ahí vienen los monopolios, las concesiones, las subvenciones, los subsidios, los patrocinios, los "derechos", las ayudas y apoyos a un determinado sector, las donaciones y demás chanchullos. Es decir: la incompetencia. Y para entender bien lo que ésta es, debemos compararla con su opuesto, la "competencia". Por ejemplo:

Si Pedro es un único zapatero (monopolio) que hay en la comunidad, ¿cómo podemos juzgar su competitividad? Sólo cuando aparece un segundo zapatero —por ejemplo Santiago— es cuando Pedro está *obligado a demostrar* su 'competitividad', ya que Santiago, para "atraer" al público a su nuevo taller, sin duda venderá más barato y mejor calidad que el antiguo monopolista. Inventó o compró nuevas máquinas y utillaje que le permiten ahorrarse tiempo y esfuerzos en su trabajo, pudiendo hacer así más pares a mejor precio. Esto *beneficia* a *toda la comunidad.*

En un régimen de libre competencia (de verdad) cada productor intenta mejorar su rendimiento de algún modo —y como decía Adam Smith— no por compasión hacia su clientela, sino pensando en su propio interés. Sin embargo, *toda la comunidad se aprovecha del estándar creciente* mostrando su aceptación acudiendo (escogiendo) al nuevo especialista que, considerando precio, servicio y calidad, sirve mejor a sus intereses. Esto es la libre competencia, tanto si se trata de mercancías como de servicios. Aplaudimos al rendimiento, no al ejecutante. Nos da igual que Santiago se llame realmente Huang Lee, Omar Hamed, John Smith, Santiago Pérez o lo que sea. Y lo que no falla para saber su grado de "competencia", son los ingresos de uno y las pérdidas del otro, ya que éstos registran fielmente los *voluntarios* votos favorables o desfavorables de la Sociedad a la que sirven. De esto sigue que, en una Sociedad abierta a la competición, el nivel general de satisfacción es muy alto. Que Pedro deba entrar en competencia con Santiago, repito, es una *ventaja para toda la Sociedad.*

Antes, el precio (y el "esmero" que ponía en la confección de zapatos), Pedro lo ponía a su conveniencia. Pero, ahora, está *obligado* a seguir los estándares marcados por su competencia. Su impulso al monopolio se ve frustrado; por lo que la primera reacción de Pedro es intentar impedir, como sea, que Santiago ofrezca sus competitivos servicios, e intenta convencer a sus vecinos de que la escasez es de algún modo mejor para ellos: ¡hay que proteger a la industria nacional!, ¡los puestos de trabajo!, ¡nuestra economía!... Y hay muchos vecinos que "pican", pues tienen la ilusa esperanza —como Pedro— de que podrán seguir con su rutina sin verse obligados a hacer un "plus" de esfuerzo y mejorar así su competitividad.

Es así como Pedro — que simboliza a cualquier grupo de presión— utiliza la "fuerza colectiva" (el Estado) para conseguir un objetivo privado, exigiendo unos precios mínimos, restricciones a la libre competencia, un monopolio, una exclusiva o una subvención. De esta manera vienen las leyes <u>que obligan a la Sociedad a pagar bienes y servicios peores y más caros</u>,... y sin derecho a reclamación. *Sin la pervertida ley sería imposible ir en contra de lo que quiere el mercado.*

Todos los monopolios, semi-monopolios y otros "chollos", cuentan con leyes que les permiten vender y dar el servicio que a ellos les conviene, pasando totalmente del consumidor. Cuando el Estado asume directa *o indirectamente* un papel empresarial, aunque arrope sus operaciones con un objetivo moral, como la promoción del "bienestar general", la "protección de los puestos de trabajo", de la "industria nacional, del "bien común", de "demasiado grande para caer", o lo que sea, inevitablemente hace uso de su *monopolio de obligación* ("ley") para excluir la competencia, o al menos hacerla difícil, si no imposible.

El conflicto entre justicia e igualdad explica la extendida confusión acerca del concepto "privilegio" y el consiguiente abuso y manipulación del mismo. Por ejemplo, tildar de privilegio a la propiedad privada. Sería *en verdad* un privilegio si fuese como en el pasado, donde la propiedad de la tierra estaba reservada a los miembros de la nobleza o, como ahora ocurre, si el derecho a producir o vender determinada cosa está reservado a alguien en particular designado por la "autoridad". Pero llamar "privilegio" a lo que se ha conseguido a base de esfuerzo en un mercado libre, donde todos compiten bajo las mismas leyes, es privar de su verdadero significado a la palabra "privilegio".

Nuestra libertad de "elección" en una Sociedad, en régimen de competencia, se funda en que, si alguien —persona o compañía— no acaba de satisfacer nuestro deseo podemos acudir a otra. Pero si nos enfrentamos a un monopolista estamos a merced suya; tenemos que pasar por el tubo, pagar precios más caros y aguantar peor servicio. Eso sí que es "privilegio": el Estado, su burocracia (comunitaria, estatal, autonómica y municipal) y sus subvencionados, todo ello a cargo de la Sociedad que tiene que pagar y callar.

Un Estado que se crea que puede chupar impunemente toda la sangre de la Sociedad, obsesionado por regularlo todo, por controlarlo todo y por hacerse con todo, no sólo arruina a la Sociedad (a la que debería "servir") sino que acaba arruinándose a sí mismo. Cuando la Sociedad quiebra, el Estado quiebra.

Pero, considerando su carácter ¿qué otra cosa puede hacer sino acabar arruinando a quien le da de comer?

El poder político y toda su "maquinaria" —por mucho que se lo crean y nos lo quieran hacer creer— no son unos factores de la producción; no pueden contribuir ni con una sola barra de pan ni con un simple par de zapatos a la plaza del mercado. Las cosas que satisfacen a los hombres sólo se obtienen de resultas de su trabajo sobre lo que les proporciona la naturaleza y en este proceso el poder político está fuera de su elemento.

De manera que, lo mejor que podrían hacer, para promover la producción y el bienestar de la Sociedad, sería mantener un clima de tranquilidad y seguridad en 'la plaza del mercado' para que los productores pudieran concentrarse en lo suyo: producir riqueza que, de una manera espontánea —aunque muchos no se lo crean—, siempre acaba significando riqueza para todos.

Es decir, el Estado —reducido a su mínima expresión— tendría que ceñirse estrictamente a la función por la que originalmente fue nombrado. De lo contrario, el Estado y

la   Sociedad,   como   ocurre   actualmente,   acaban
destruyéndose mutuamente.

¿Es acaso posible reducir el tamaño del gobierno?
Creo que hay una manera de lograrlo: de la misma
manera que los padres controlan a los hijos botarates:
reduciéndoles el estipendio.
Milton Friedman

CAPÍTULO 9

El Estado
"La fuerza des-socializadora"
La Caída de las Civilizaciones

¿Qué es la historia, sino el relato de cómo los políticos han derrochado la sangre y los tesoros de la raza humana?
Thomas Sowell (1930-)
pensador y economista.

La edad promedio de las grandes civilizaciones de la tierra
ha sido de doscientos años.
Estas naciones han seguido esta secuencia:
de la esclavitud a la fe espiritual,
de la fe espiritual a una gran valentía,
de esta gran valentía a la abundancia,
de la abundancia a la complacencia,
de la complacencia a la apatía,
de la apatía a la dependencia,
y, de la dependencia, de nuevo a la esclavitud
Alexander Frases Tyler (1747-1813)
historiador y abogado escocés

Cuando la gente ya no es capaz de hacer negocios,
con el fin de ganarse la vida, cesa toda actividad y
la civilización cae y con ella todo cae.
Ibn Jhaldun (1332-1406)
historiador, sociólogo y economista.
Nacido en lo que actualmente es Túnez

¿Por qué, paralelamente al hundimiento de una Sociedad esquilmada por el Estado, se produce una decadencia de los valores morales y culturales?

Dondequiera que observemos este proceso, advertimos un profundo cambio psicológico en todos los estratos de la Sociedad, incluso en el de aquellos que habían sido los creadores de la cultura. Su poder y energía creadora se extingue, los hombres se cansan, pierden interés en la creación y dejan de valorarla; están desencantados, su vida ya no es un esfuerzo hacia un ideal en beneficio de sí mismos, y, por consiguiente, de la Sociedad. Sus mentes se hallan obsesionadas únicamente por sobrevivir como sea. La apatía y el desencanto se palpan por doquier, convencidos de que tanto los recursos naturales como los ideológicos y espirituales, que hasta hace poco parecían garantizados, se hallan prácticamente agotados. Una atmósfera cínica, sin escrúpulos ni lealtades, insidiosamente contamina la esfera pública. Un egoísta y aniquilador partidismo, en el que todo vale, arrasa con los pilares que sustentaban hasta ahora, no sólo a la cosa pública, sino también a la Sociedad en su conjunto.

Esta atmósfera cínica y decadente ya fue descrita hace 2.500 años por el gran historiador Tucídides (segunda mitad del siglo V a. C.) al reflexionar por qué se estaba derrumbando, ante sus propios ojos, la civilización griega. Vio que las desmesuradas ansias de poder eran las que llevaban a la irremediable destrucción de la Sociedad: *"éste es el producto necesario de la naturaleza humana, mientras siga siendo la misma"*. Y concluyó afirmando que *"ninguna de las creaciones humanas tiene una larga vida, sino que lo grande y poderoso tiene que inclinarse hacia su ruina... Y, la Historia es un incesante volver a empezar"*

En su *"Historia de la guerra del Peloponeso"*, escribe:

"La audacia irreflexiva pasó a ser considerada un valor fundado en la lealtad al partido, la prudencia se consideraba cobardía, la moderación, falta de carácter, y, la sensatez, no apta para la acción. El irascible era siempre digno de confianza, mientras que el comprensivo, sospechoso. Si uno urdía una intriga, y tenía éxito, era 'inteligente'; pero quien tomaba medidas para que no hubiese ninguna necesidad de ellas, pasaba por 'destructor de la unidad del partido'.

En una palabra, era aplaudido quien adelantaba a otro en la ejecución del mal, e igualmente lo era el que impulsaba a ejecutar el mal a quien no tenía intención de hacerlo. Más aún, los vínculos de sangre llegaron a ser más débiles que los del partido, debido a la mejor disposición de los miembros de éste a una audacia sin reservas; porque estas asociaciones no se constituían de acuerdo con las leyes, establecidas con vistas al beneficio público, sino al margen del 'orden instituido' y al servicio de la codicia.

Y es que la mayor parte de los hombres de bien aceptan más fácilmente el calificativo de listos, cuando son unos canallas, que el de cándidos cuando son hombres de bien; de esto se avergüenzan, mientras que de aquello se enorgullecen. Y la causa de todos estos males era el deseo de poder inspirado por la codicia y la ambición; y de estas dos pasiones, cuando estallaban las rivalidades de partido, surgía el fanatismo.

Así fue como la perversidad en todas sus formas se instaló en el mundo griego a raíz de las luchas partidistas, y la ingenuidad, con la que tanto tiene que ver la nobleza de espíritu, desapareció víctima del escarnio, mientras que el enfrentamiento de los unos con los otros pasó a primer plano; no había ningún medio para reconciliar a los dos contendientes; y los espíritus más mediocres triunfaron...”

Cuando el poder político enloquece absolutamente, acaba reduciendo, poco a poco, a la Sociedad a una condición de servilismo. El Estado crece y crece con la depredación, mientras que el “tamaño” —en el amplio sentido de la palabra— de la Sociedad se encoge en la misma proporción. Y cuando los trabajos de ésta ya no generan beneficios, o si la expectativa le dice que no puede esperarse ninguno, su interés por cualquier tipo de esfuerzo, ya sea económico, cultural, moral o espiritual, desaparece. Cuando la intervención del Estado es total —como ocurre actualmente— la Sociedad acaba aceptando esta “apática dependencia’ como una forma de vida y, lo que ésta produce, es mera supervivencia. Sólo cuenta hoy; mañana no existe.

Esta decadencia económica, moral y espiritual está perfectamente descrita en el libro de León Homo: *“Nueva Historia de Roma”*. Su libro concluye así:

“El Imperio acabó convirtiéndose en una cárcel para decenas de millones de hombres, y la intervención del Estado no produjo más que ruina, derrumbándose en la

nada. El mercado se hizo cada día más limitado, mientras el Poder público se hacía cada vez más opresor. La industria vivía sólo de los pedidos del Estado, que era un cliente egoísta y brutal: fijaba los precios, que luego acababan en nada a causa de las altas comisiones que había que pagar a los funcionarios.

En medio de todo aquel triste ambiente, los hombres perdieron toda sensatez. El odio y envidia reinaron por doquier. La productividad iba disminuyendo sin tregua. En la administración, corrupta y venal, pululaba una multitud caótica de nuevos funcionarios, colocados a dedo por el "partido", que no hacían nada más que poner trabas e imponer abusivas "comisiones"

La catástrofe final sobrevino cuando, al objeto de prevenir mayores "perturbaciones políticas" devaluaron la moneda (exactamente como ocurre hoy en día) *e implantaron la tasa de precios. La poca economía que quedaba se paralizó. Se había explotado y menospreciado la iniciativa privada"*

León Homo finaliza:

"Roma, forjada por la Antigüedad, murió por el "estatismo". En este implacable contraste se resume su maravilloso destino".

Este fue el lamentable sino de la civilización romana. Sin duda, el Estado creado por los Julios y los Claudios fue una admirable máquina, muy superior al viejo Estado republicano, pero apenas llegó a su pleno desarrollo comenzó a decaer el cuerpo social. Y, ya en tiempo de los

Antoninos (siglo II), el Estado comenzó a fagocitar a la Sociedad. Ésta empezó a ser esclavizada; no pudo vivir más que *sirviendo al Estado*.

Lo mismo ocurre hoy: toda la vida se ha burocratizado produciendo una mengua en todos los órdenes: la riqueza desaparece consumida por el propio Estado, las mujeres apenas paren, los hombres sólo aspiran a ser funcionarios o a vivir a costa del Estado; la creación es mera copia y el desánimo y cinismo campan por doquier. Eso anuncia el fin de la civilización.

Este es el proceso histórico de todas las civilizaciones: la Sociedad crea un "artefacto" para que le facilite su búsqueda de la felicidad, luego, éste se monta encima de la Sociedad y ésta tiene que vivir sólo *para* mantenerlo. El pueblo se convierte en el alimento del ídolo. El andamio se hace propietario e inquilino de la casa.

Todos los Estados occidentales, a pesar de su inofensiva apariencia, se han convertido en una poderosa máquina tan intervencionista como la antigua Roma. Por supuesto, también como ahora, aquella confiscación se formalizó legalmente y, aunque aquella no fuera cubierta de moralismo o ideológicamente racionalizada como hoy, algunas características del Estado de Bienestar moderno también se pusieron en práctica. Roma también tuvo sus programas de 'estímulo del empleo', sus 'propinas a los desempleados' y sus 'subsidios a la industria'. Todo ello necesario para que la confiscación fuera aceptable y asumible.

La actual crisis no proviene de que los hombres no nos sintamos capaces de tirar para adelante. Al contrario, nos sentimos más capaces que nunca, pero tropezamos con un muro infranqueable que nos impide realizar nuestros sueños. Lo más sorprendente es que, tanto a nosotros como a los romanos de aquella época, este orden de cosas nos parece de lo más natural y adecuado. No nos damos cuenta de la decadencia en que estamos inmersos, ni mucho menos estamos conscientes de nuestra inminente caída.

Quien se sobrepone a la adversidad demuestra buen temple, pero la prueba resulta particularmente difícil cuando ésta sobreviene de pronto en medio de un día apacible que presuntamente creíamos eterno.

Una ojeada al panorama histórico, a la luz de nuestros conocimientos actuales, muestra que hasta ahora la historia *se ha repetido* unas veinte veces al producir civilizaciones y, muestra asimismo que, todas han muerto o agonizan como la nuestra. Y cuando las comparamos entre sí, hallamos claros indicios de lo que parece ser un esquema reiterado en el proceso de sus declinaciones, de sus colapsos y, finalmente, de sus caídas. Es oportuno, pues, preguntarnos hoy si este capítulo final —de la historia de todas las civilizaciones— está destinado a repetirse en nuestro caso. ¿Es un sino al que ninguna civilización puede escapar? ¿Es inevitable esta eterna lucha entre la Sociedad y el Estado?

Sinceramente no lo sé; es posible que esté en la naturaleza de las cosas que esta lucha siga hasta que la mutua destrucción allane el camino para la aparición de una nueva Sociedad, a la cuál —sin duda— se le adherirá un nuevo establecimiento político que la llevará, una vez más, al mismo destino. Puede que esta lucha entre la organización social y la organización política esté "predestinada" o, tal vez, se deba a la "resistencia a madurar" del hombre.

En términos "humanos", cada una de las veinte civilizaciones, incluida la nuestra, es, mientras está en acción, un ensayo determinado de llevar una única empresa en común. En cada una de ellas la humanidad en su conjunto se esfuerza por elevarse por encima de su mera "condición humana" hacia una especie de "más alta vida espiritual". No se puede describir bien, bien, qué significa exactamente esto, cuál es la meta, porque nunca se ha alcanzado o, mejor dicho, nunca la ha alcanzado ninguna Sociedad. La han alcanzado, quizás, algunos hombres y mujeres individualmente. Es decir, si bien ha habido hombres y mujeres transfigurados, nunca ha habido cosa tal como una Sociedad realmente "civilizada". Ninguna civilización conocida ha alcanzado hasta ahora la *meta* de la civilización. Nunca ha existido en la tierra una congregación de hombres puros. Tal vez por eso todas entran en colapso, desintegrándose y desapareciendo para volver a "intentarlo" otra vez.

Cuando hablamos de la desaparición de una civilización no queremos decir que toda la población se extinga. Cada holocausto deja supervivientes. Lo que implica la caída de una civilización es la desaparición de la memoria de la acumulación del conocimiento y de los valores que una vez tuvieron sus gentes. Las artes, ciencias, religión, así como las maneras y modos de vivir y de ganarse la vida, se olvidan. Todo desaparece, no bajo una capa de polvo, sino bajo una capa de indiferencia general hacia las satisfacciones marginales; por aquellas cosas, por las cuales los hombres nos esforzamos por conseguir, cuando la lucha por la existencia es ganada.

Cuando las cosas necesarias ya no constituyen un serio problema, los hombres comenzamos a soñar con nuevos mundos a conquistar: el mundo espiritual, el mundo de los valores, el mundo de la cultura, el mundo del conocimiento, el de la moral, el de las maneras y el de las buenas costumbres. Es decir: CIVILIZACIÓN.

Por el contrario, su caída es el reverso de este proceso de "acumulación". Es la renuncia, *por razones de necesidad*, de aquellas satisfacciones no esenciales para la existencia. Es un proceso de olvido por la fuerza de las circunstancias; es una abstinencia impuesta por el ambiente.

A veces la voluntad de los "dioses" es imponer, durante un determinado tiempo, esta abstinencia. Pero los hombres somos capaces de superar tales obstáculos. El obstáculo que parece que no somos capaces de vencer es nuestra nefasta inclinación a la depredación. Éste vicio —tan arraigado en nuestra condición humana— es el que da pie a la institución del Estado. Y es esta institución la que finalmente acaba destruyendo, no solamente a quien lo creó sino a quien lo alimenta. Esto es lo que nos dice la historia: cada civilización que decayó o se extinguió llevaba a hombros un todopoderoso Estado. Y al derribar a la Sociedad, el Estado se derriba a sí mismo. Su último colapso es, por lo general, ocasionado por una revolución interna o por una guerra externa, pero precediendo a este acontecimiento hay una historia de esquilmado hasta destruir completamente la plaza del mercado, causando una decadencia en las aspiraciones, esperanzas y amor propio de sus víctimas.

Vuelta a empezar

Pero el ansia de libertad prevalece y los hombres del futuro comenzarán a soñar y a confiar de nuevo. Y la realización de cada nuevo sueño, a través del esfuerzo, les dará nuevos ánimos para generar nuevos esfuerzos. Así volverán a multiplicar su "riqueza", crecerán otra vez, volverán a acumular conocimientos y los asuntos no materiales alcanzarán nuevamente una gran importancia en su escala de valores. Una nueva civilización nacerá. Y no surgirá de los restos de su precursora, sino del 'impulso de la vida'. Sin embargo, la historia nos dice muy claramente que no más comenzar (una nueva civilización) una institución "política" se adherirá a ella y, al final, la devorará. Y el ciclo comenzará de nuevo hasta que los hombres *maduremos* definitivamente.

SEGUNDA PARTE

CAPÍTULO X

¿Hace falta un Estado?

Tal vez, algún lector, llegado a estas alturas, me objete: "Todo eso que Ud. dice está muy bien, ¡pero no se puede vivir sin un Estado!"

Opino lo mismo.

Ahora bien, para poder explicar **por qué**, acudiré a cuatro de las grandes mentes de nuestra historia de Occidente: Platón, Séneca, Maquiavelo y Hobbes. Espero que los siguientes párrafos ayuden a comprender por qué, para vergüenza nuestra, también pienso que necesitamos de un Estado …

Platón, que vivió en el siglo IV a. C. al inicio de la decadencia de las ciudades-estado griegas, creía que un individuo bien "gobernado" —lo mismo que un Estado— dependía de que éste supiese con precisión cuál es el verdadero "bien" y cuál es el verdadero "mal". Según él, el éxito o el fracaso dependía de este conocimiento.

Por eso Platón desconfiaba de las "mayorías" (de 'la democracia'). *"Lo que los hombres desean* —decía— *depende de lo que sean capaces de ver como "bien". Sin embargo, nada es bueno por el mero hecho de que lo deseen muchos. Sólo unos pocos hombres son capaces de saber lo que es el "bien", de ahí que necesariamente han de ser pocos los que tengan poder decisivo en el Gobierno".*

Como puede verse, Platón creía que, una especie de "despotismo ilustrado", era lo que los hombres necesitaban para poder convivir juntos en perfecta armonía. En su *Epístola VII*, dice:

"El resultado fue que yo, que en mi juventud había tenido gran interés por las cosas públicas, conforme iba viendo el torbellino de la vida pública y el incesante ir y venir de las corrientes contrarias, acabé por sentirme aturdido..., hasta que finalmente vi con toda claridad que todas las polis, sin excepción, están mal gobernadas. Son casi incurables. Por ello me veo obligado a decir, en elogio a la recta filosofía, que sólo desde ella podemos discernir lo que es justo tanto para las comunidades como para los individuos y que, según esto, el género humano no verá días mejores hasta que adquiera autoridad política, la raza de quienes siguen recta y auténticamente la filosofía, o hasta que la raza de los gobernantes se convierta, por alguna suerte divina, en estirpe de verdaderos filósofos."

De ahí que Platón fundase la Academia —y escribiese la *"República"* y las *"Leyes"*, para, en primer lugar, definir qué era un Estado "ilustrado" y, en segundo lugar, qué preparación y educación se debía proporcionar a aquellos poquísimos ciudadanos aptos para su dirección.

Evidentemente, toda aquella gran 'teoría', una vez llevada a la práctica (lo intentó en Siracusa), fue un fracaso y una pérdida de tiempo, como lo han sido todos los anteriores y posteriores intentos, a lo largo de toda la historia, de implantar cualquier tipo de dictadura por muy "ilustrada", "científica" o "popular" que sea. Los pueblos, una vez zafados de cualquiera de estos "enterados", se encuentran más corruptos y peor que antes.

Por lo que, finalmente, Platón, ya en su vejez, y después de sus desastrosas experiencias personales, reconoció que las dificultades con que tropezaba cualquier Sociedad no eran resultado únicamente de una educación defectuosa y ni de las deficiencias morales de sus estadistas. Eran —dijo— (**y actualmente son**) más bien el resultado <u>de una enfermedad de todo el cuerpo social</u>, es decir, <u>de la misma naturaleza humana</u>.

> *El pueblo mismo —reconoció finalmente Platón— es el gran sofista, y mientras la mayoría de los hombres, por no decir todos, no se pongan de acuerdo en lo que es el bien y el mal, lo justo e injusto, lo noble e innoble, lo digno y lo indigno, no podrá haber ningún canon para el arte político.*

Platón llegó, pues, a la conclusión de que hasta que una gran mayoría de los hombres "sepan", no hay ninguna solución política satisfactoria, y éstos nunca serán libres.

Trescientos años más tarde, en el siglo I d. C., nos encontramos con Séneca en una Roma decadente y degenerada; había corrupción por todas partes y el despotismo era inevitable. La cuestión, según él, no era ya discutir sobre qué tipo de gobierno era el más adecuado para poner orden y sensatez a la sociedad, sino únicamente establecer quién debía ser el déspota. Ya que, según Séneca, *"depender de un déspota es preferible a depender del pueblo, pues la masa de hombres es tan viciosa y corrupta que resulta más despiadada que un tirano."*

Sin embargo, (en su epístola XC) <u>añadió</u>:

"Antes, cuando los hombres aún no estaban corrompidos, no tenían necesidad de Gobierno ni de Leyes; obedecían voluntariamente a los hombres sabios y mejores, quienes no buscaban su propio provecho al regir a sus semejantes. Pero cuando los hombres se vieron aguijoneados por el deseo de apropiarse de lo ajeno, se volvieron egoístas y rapaces, y los gobernantes se convirtieron en tiranos. Todo eso llevó al lujo y a la corrupción. Se hicieron necesarias las leyes y la coacción, con objeto de poder dominar los vicios y corrupciones de la naturaleza humana."

Y, al igual que Platón, creía que *"<u>el Gobierno es el remedio necesario a </u>(consecuencia de) <u>la maldad de los hombres. En una Sociedad de hombres puros</u>* —dijo finalmente Séneca— *<u>ningún Estado sería necesario</u>."*

Mil trescientos años más tarde, a finales del siglo XV, las fragmentadas sociedades italianas son otro ejemplo clásico de lo que es un estado de decadencia generalizado. Toda la sociedad era presa de la peor corrupción política y de la más baja degradación moral. Por eso Maquiavelo abogaba por un gobierno fuerte, para poner freno a toda aquella anarquía.

Esto explica porque, siendo un entusiasta admirador de la república romana, abogaba —para su tristeza— por el despotismo, dado el nivel de degradación a que había llegado el pueblo, incapaz de vivir sin amos...

Maquiavelo entendía por 'degradación' aquella decadencia de la virtud privada, de la probidad cívica y de la devoción, que hacía imposible un gobierno popular.

Creía que aún era posible un gobierno popular en un país como Suiza y en algunas partes de Alemania, donde en el siglo XV aún se mantenía una vida cívica vigorosa, pero no en Italia. Maquiavelo tenía claro que, cuando decaen las virtudes necesarias, no hay posibilidad de restaurarlas ni de mantener una sociedad estable, salvo mediante un poder "total".

Todo su libro *el Príncipe* oscila entre el deseo de que aparezca por fin un déspota lleno de recursos, capaz de domar a las fieras, y la admiración hacia lo que sería un pueblo libre si supiese "gobernarse" a sí mismo.

Esto se ve claro en la exposición que hace Maquiavelo de la monarquía absoluta (dictadura) donde no hay nada parecido al entusiasmo y a la admiración sincera que muestra por la libertad y el gobierno popular de la antigua república romana.

> *"El problema,* para Maquiavelo, *era la naturaleza humana, profundamente egoísta y ambiciosa; por eso necesita de tiranos que la frenen."*

Por último, vayamos nuevamente a Hobbes, siglo XVII-XVIII. Él, que vivió en medio de las guerras civiles inglesas, creía que *"el estado del hombre sin una fuerte estructura de Estado detrás, estaría movido únicamente por consideraciones egoístas y antisociales, y los demás seres humanos le importarían sólo en la medida en que éstos afectasen a su 'seguridad'. Pero, como, en términos generales, todos los individuos son iguales en egoísmo, vigor y astucia, ninguno podría estar seguro de su posición, si no existiera un 'poder' que regulase su conducta; si no fuera así, entonces sería una guerra de todos contra todos, y tal situación sería incompatible con cualquier forma de civilización, y la vida del hombre sería solitaria, pobre, desagradable, brutal y breve."*

"Sin embargo, continúa Hobbes, *en la naturaleza humana además de 'deseo' también hay 'razón' y ésta le dice* —o le debería decir— *que la búsqueda de su seguridad se logra únicamente respetando y cooperando con los demás. Esto es mucho más inteligente que estar siempre a la greña. De manera que, para ser perfectamente social, se tiene que ser un perfecto egoísta (un egoísta absolutamente inteligente)".* Pero según Hobbes, *"hay muy pocos egoístas de este tipo. Por lo tanto,*

mientras que los hombres se comporten como unos auténticos "cretinos" necesitan de un Leviatán que los mantenga a raya, ya que si los hombres fueran realmente seres inteligentes —y se comportaran como tales— no necesitarían de ningún tipo de Estado.

Todas estas consideraciones nos recuerdan lo que dijo Samuel al pueblo judío cuanto éste le pidió que nombrase un rey (un Gobierno, un Estado, una Autoridad mundana):

*"Haz caso a lo que el pueblo te pide, dijo Yahavé. Porque no te han rechazado a ti, me han rechazado a mí, **para que yo no reine sobre ellos.***

Pero diles claramente por quién me cambian...

... (aunque son tan "duros de cerviz" que todo lo que les digas, les entrará por un oído y les saldrá por el otro)"

Es decir, si creen que es demasiado "duro" seguir mis diez mandamientos **voluntariamente** —que no son más que unas normas de sentido común que garantizan la más absoluta dignidad y libertad personal, así como una pacífica convivencia—, diles claramente con qué se van a encontrar y, aunque no les va a servir de nada, al menos **¡qué se enteren de lo que es "dureza"!**

Sólo un pueblo virtuoso es capaz de vivir en libertad. A medida que las naciones se hacen corruptas y viciosas, aumenta su necesidad de amos.
Benjamín Franklin

Como el lector puede ver, estoy de acuerdo en que, dada la naturaleza humana, necesitemos de un Gobierno. Ahora bien, que este sea pequeño y razonable, o que sea un feroz e insaciable Leviatán, depende únicamente del nivel moral y del grado de auto-responsabilidad de toda la Sociedad; tanto la de los unos, como la de los otros.

CAPÍTULO 11

Libertad
para "madurar"

Sin libertad personal y responsabilidad
jamás podremos llegar a ser adultos
Recordad que el secreto de la felicidad está en la libertad,
y que el secreto de la libertad está en el coraje
Tucídides
Historiador griego. V a. C.

El mayor crimen del Estado de Bienestar
no es que sea un desperdicio de dinero,
sino que es un desperdicio de personas.
Mark Steyn (1959)
escritor, comentarista político y crítico cultural. USA

La libertad, la moralidad y la dignidad humana del individuo
consisten precisamente en que haga el bien no porque esté
forzado a hacerlo, sino porque libremente lo conciba, lo
quiera y lo ame.
Mijail Bakunin (1814-1876)
Teórico político ruso.

La regeneración de la Sociedad
es la regeneración de ésta por la regeneración individual
Jean de la Bruyere (1645-1696)
escritor y moralista francés.

Nos hemos alejado progresivamente de las ideas esenciales sobre las que se fundó la civilización europea. Estamos abandonando aquella <u>libertad económica</u> sin la cual jamás existió en el pasado libertad personal; libertad personal basada en el cristianismo y en la filosofía de la Antigüedad clásica.

Para los grandes apóstoles de la "libertad", significaba libertad frente a todo tipo de *coacción*, libertad frente a todo tipo de *poder arbitrario* y supresión de aquellos lazos que *impiden* al individuo *toda elección*, obligándole a obedecer las órdenes de un superior al que está sujeto. Y, libertad 'económica', era el requisito previo para esta Libertad.

"No se puede hablar de libertad —decían— relevando al individuo de la necesidad y, a la vez, de la facultad, de elegir, y, por lo tanto, de "renunciar libremente" a aquellas cosas que están bajo su estricta responsabilidad."

Por el contrario, la supuesta "liberación" de nuestras preocupaciones económicas —que nos prometen y que, por supuesto, no han conseguido ni nunca conseguirán— significa que seremos relevados de la necesidad de renunciar voluntariamente a unos intereses, por otros que se ajusten más a nuestro sentido del "deber". Es decir, que las penosas elecciones, que estas decisiones a menudo exigen, serán hechas por otros.

Este "dirigismo", nos ha hecho olvidar que la moral es un fenómeno de la *conducta individual*, y que sólo se puede hablar de moral en la medida en que un individuo es libre. Libre para sacrificar, o no, sus caprichos personales, para observar un deber; para atender a su responsabilidad frente a su íntima regla moral. Fuera de la responsabilidad individual no hay ni bondad ni moral ni oportunidad para el mérito personal. No hay lugar para probar las convicciones propias, sacrificando lo que uno considera "deseable", desde un punto de vista egoísta, por algo que apetece menos, pero que es un "deber ineludible". Sólo cuando somos responsables de nuestros propios intereses y, a la vez, libres para sacrificarlos, tiene valor nuestra decisión. No tiene mérito alguno ser altruistas si no podemos optar. No tenemos derecho a ser altruistas obligados por otros. Los miembros de una Sociedad a quienes, en todos los aspectos, se les obliga a hacer el bien, no tienen motivos de alabarse. Como dijo Milton:

"Si cada acción buena o mala de un hombre estuviese sujeta a límite, prescripción o violencia, ¿qué sería de la virtud sino un nombre? ¿Qué alabanza merecerían las buenas obras? ¿Cómo premiar al sobrio, al justo, al puro?"

La única atmósfera en la que el sentido moral se desarrolla, y los valores morales se renuevan a diario, es en medio de una atmósfera de responsabilidad y de libertad para ordenar nuestra propia conducta.

Por el contrario, es inevitable e innegable a la vez, que en esa esfera de la conducta individual, el colectivismo ejerza un efecto <u>absolutamente destructivo</u>. Un movimiento, cuya principal promesa consiste en relevar la responsabilidad, no puede ser sino antimoral en sus efectos, por elevados que fueran los ideales a los que deba su nacimiento.

Puede ocurrir, como se ha sugerido, que la pasión por la acción colectiva sea una manera de entregarnos todos, ahora sin remordimiento, a aquel vulgar egoísmo que, como individuos, habíamos aprendido a refrenar un poco.

Ortega y Gasset escribió: "*En el siglo XVIII ciertas minorías descubrieron que todo individuo humano, por el mero hecho de nacer, y sin necesidad de cualificación alguna, poseía ciertos derechos políticos fundamentales, los llamados derechos del hombre y del ciudadano, y que, en rigor, estos derechos comunes a todos son los únicos existentes. Todo otro derecho afecto a dotes especiales quedaba condenado como privilegio.*

Ahora bien: el sentido de aquellos derechos no era otro que sacar a las almas humanas de su <u>interna</u> servidumbre y proclamar dentro de ellas una cierta conciencia de señorío y dignidad. ¿No era esto lo que se quería? ¿Que el hombre medio se sintiera amo, dueño, señor de sí mismo y de su vida? Ya se ha logrado. ¿Por qué se quejan los progresistas? ¿O es que, como los niños, quieren una cosa, pero no sus consecuencias?

El 'señorío' —como la 'moral'— son, necesariamente, fenómenos de la conducta individual, y sólo pueden existir en la esfera en que el individuo es libre para decidir por sí mismo. Fuera de la responsabilidad individual no hay ni señorío, ni dignidad, ni bondad, ni oportunidad para el avance personal.

El sentido moral se desarrolla y los valores morales se renuevan a diario cuando uno es libre para ordenar su propia conducta, en aquella esfera en que las circunstancias materiales *nos fuerzan a elegir,* siguiendo únicamente el dictado de nuestra propia Conciencia. Responsabilidad, no frente a un superior, sino frente a ella, reconociendo **un deber no exigido por la coacción**.

Como decía Bastiat:

"No es la solidaridad natural la que rechazamos, sino la solidaridad forzada. No es la colaboración libre, sino las formas de colaboración que pretenden imponernos. No es la fraternidad espontánea, sino la fraternidad impuesta. No es la solidaridad humana, sino la solidaridad artificial, que no es otra cosa que un injusto desplazamiento de responsabilidades"

Es inevitable, e innegable a la vez, que en esa esfera de la conducta individual el estatismo ejerza un efecto destructivo si su principal promesa consiste en relevarnos de la responsabilidad. Si es así, el estatismo no sólo es —como hemos dicho antes— antisocial, sino también **embrutecedor** y **antimoral** en sus efectos.

Si no tenemos libertad para ser, o no, egoístas, es decir, irresponsables, nunca podremos madurar, nunca llegaremos a ser adultos y estaremos condenados, una vez más, a empezar de nuevo.

La libertad responsable quiere decir autonegación y autodisciplina del ego. Sólo un Gobierno que nos alentase a eso, es decir, que nos diera oportunidad (y, por tanto, la libertad) para llegar a ser Hombres[4], sería apto para presidir una nación libre.

---

[4] La expresión "Hijo del hombre" aparece, por primera vez, en el libro de Daniel (7 14) para designar al <u>vencedor</u> de los 'poderes' de <u>este mundo</u>, representados por feroces e insaciables bestias. Profetizó que a él se le entregarán las llaves el reino universal. En el Nuevo

Sin embargo, todos los gobiernos, conocidos hasta ahora, se han acabado convirtiendo en la agencia más formidable para restringir el ámbito de la responsabilidad y, por lo tanto, todos han sido <u>un freno a la maduración del hombre</u>. Por eso, por ir contra natura, todos han fracasado.

Como también decía el genial Bastiat:

"En el mundo hay demasiados "grandes hombres"; hay demasiados legisladores, organizadores, planificadores, conductores de pueblos, padres de la patria. Demasiada gente que se coloca por encima de la humanidad para regentarla, demasiada gente que 'hace oficio' del ocuparse de la humanidad"

"Y, puesto que se han probado en el cuerpo social, ya tantos sistemas, que se termine por donde se debió empezar: que sean rechazados todos ellos, y que finalmente se ponga a prueba la libertad, la libertad que es un acto de fe en Dios y en sus obras."

Por tanto, todo "papá" que crea que su deber es protegernos de nosotros mismos, va en contra de lo que "busca" la Vida, contra la "Voluntad" de Dios y contra el "destino" del hombre.

Lo que la Sociedad debe hacer, debe ser hecho por cada uno de nosotros, o en colaboración con otros, pero no por "el colectivo". La obligación recae sobre las personas, pero cada día somos menos responsables.

Testamento, Jesús se autodefine como el "Hijo del hombre". Es decir, como el 'proyecto' (el hombre, con minúscula) ya convertido en Hombre (con mayúscula)

Sin libertad personal y responsabilidad
jamás podremos llegar a ser adultos.
Adam Smith (1723-1790)
economista y filósofo escocés.

Cuanto más se mete el Estado en nuestra vida, menos sentido de la responsabilidad tenemos en nuestras acciones.

Nos hemos acostumbrado a las redes de seguridad, y cambiar a la responsabilidad será un largo proceso. No podemos pretender su abolición inmediata, pero el compromiso debería ser, ir reduciendo, poco a poco, el Estado, de supuesto bienestar, para que los hombres nos responsabilicemos de una vez. Hay espacio para el desacuerdo sobre la manera de hacerlo. Sin embargo, para poder lograrlo, esto debería ser aceptado por todos, incluso por aquellos que se benefician directamente del sistema actual.

Si aceptamos voluntariamente este reto, actuaremos contra las leyes del "miedo", contra las leyes del "egoísmo" y contra las leyes de la "decadencia". El panorama actual de Occidente nos está "sugiriendo" que ya es hora de responsabilizarse y madurar.

Y si han caído todas las máscaras, embustes y discursos, entonces ¿a qué esperamos si cada civilización recibe la misma convocatoria? ¿Maduraremos de una vez para hacernos Hombres?, o, ¿tendremos que empezar de nuevo desde cero?

POST SCRIPTUM

En la introducción de este estudio aludí al *"remanente"*.

En este caso, tomo a la Biblia, no tanto como un documento histórico sino, como un documento "sapiencial". En ella, la palabra *"remanente"* define a aquel "residuo" o "resto" de gente que no abdica de sus responsabilidades, a pesar de la desidia y el conformismo general.

Este remanente —que según la Biblia **aparece en cada generación**— presenta dos características fundamentales:

1º. Reconoce el fracaso y la ruina generalizada.

2º. Cuenta únicamente con su Conciencia, y se aferra —cueste lo que cueste— a hacer *"lo que le parece correcto a sus ojos"*.

El Antiguo Testamento nos cuenta que Yahvé instó a Isaías y a Jeremías a advertir, a todo el pueblo judío, en qué situación se encontraban:

"Decidles lo que anda mal, por qué y qué es lo que va a suceder a menos que tengan el coraje de enderezarse y cambiar. Hacedles ver, de manera concluyente, que se

dirigen a la última oportunidad. Trasmitidles este mensaje de una manera clara y contundente, y seguid haciéndolo una y otra vez".

Pero añadió:

"De todas maneras no va a servir de mucho. La clase oficial y sus intelectuales van a encogerse de hombros y os darán la espalda y las masas ni siquiera os escucharán. Todos seguirán sus propios caminos hasta que provoquen su propia destrucción".

Y ambos profetas, a pesar de que vivieron en tiempos diferentes, se preguntaron lo mismo: *"¿Si todos nuestros esfuerzos están condenados al fracaso, qué sentido tiene advertirles?"*

A lo que Yahvé les respondió: *"No estáis captando el asunto. Hay un 'remanente' allí del que no sabéis nada. Se hallan en la oscuridad, no están organizados y cada uno va por libre de la mejor manera que puede. Necesitan ser alentados y animados porque, cuando todo se haya desmoronado, ellos serán los que regresarán y los que edificarán una nueva sociedad y, mientras tanto, vuestras palabras les darán ánimos y les harán resistir. Por tanto, vuestro trabajo es cuidar a este 'remanente'. De modo que, comenzad ahora y concentraos en esto"*

¿A qué conclusión podemos llegar después de oír eso? ¿Que no hay esperanza? ¿Que todas las sociedades, tarde o temprano, les llegará irremediablemente su tiempo? ¿Hemos de estar por siempre postrados bajo las piedras del molino de la Historia?

Un incidente clave, en la vida de Jeremías, nos da la respuesta. Aparece en el capítulo treinta y dos de Jeremías.

Los babilonios (los caldeos) habían sitiado Jerusalén. Nadie dudaba que la ciudad caería en manos de los invasores.

Yahvé dijo a Jeremías que, en medio de aquella crisis, un primo suyo vendría a verle y le haría una oferta. Le ofrecería el "privilegio", como pariente, de comprar una espléndida parcela de terreno a precio de ganga. *¡Es una gran oportunidad!*, le dijo su primo.

El primo, que era el "listillo" de turno, pretendía venderle un campo que estaba a punto de caer en manos del enemigo y, a cambio, esperaba hacerse con unas buenas monedas de plata. Un negocio redondo para él: a cambio, sólo tenía que entregar un trozo de terreno que ya estaba prácticamente perdido...

Y, ¿cuáles fueron las instrucciones que recibió Jeremías?

"*Compra el campo*", le dijo Yahvé, (a pesar de que Éste le había dicho que estarían en cautividad durante sesenta años. Un tiempo suficientemente largo como para que Jeremías tuviese claro que no regresaría para reclamar su nueva propiedad).

Sin embargo, Jeremías obedeció inmediatamente y, tomando sus monedas de plata, "*llamó testigos, tomó las balanzas para dar exactamente lo convenido, y se hizo la transacción*".

Y Yahvé a continuación le dijo: "*Toma estas escrituras: el documento sellado y la copia abierta, y las pones en un cántaro de arcilla para que duren mucho tiempo*" Jr. **32**,14

Yahvé explica su propósito al final del capítulo. Sí, sin duda la ciudad caería. Sí; el pueblo iría a la cautividad. Sí; su estupidez había traído todo eso. **Pero esto no es el fin de la historia**. "*Sabed que yo después los reuniré y los restituiré otra vez en este lugar, donde los haré morar tranquilamente. Y ellos serán mi pueblo y yo seré su Dios.*" Jr, **32**, 37-38

Eso es lo que quería decirle Yahvé a Jeremías. Que hay esperanza a largo plazo para aquellos que son fieles a Su mensaje. Al final, llegará un día en que se mostrará la Verdad, en que la ley suprema reinará, en que los hombres comprarán y venderán y sus contratos serán honrados.

"*Heredades comprarán por dinero y harán escrituras y las sellarán y pondrán testigos, ..., porque yo los haré regresar.*"

Jeremías no debía suponer que todas las cosas buenas tenían que suceder en sus días. No debía ser un optimista a corto plazo. No debía pretender que sus palabras iban a cambiarlo todo. Tenía que mirar a largo plazo, pero predicar a corto y, mientras tanto, su obligación era llevar a cabo sus deberes como si no pasase nada:

"*Diles a todos —le dijo Yahvé— que el juicio está por llegar, pero también recuérdales que no todo está perdido para siempre sólo porque hoy lo parezca.*"

Invierte a largo plazo, quiso decirle Yahvé a Jeremías. Invierte como si no estuviese todo perdido. Invierte como si tu mensaje, al final, fuese a dar fruto. Invierte frente al desánimo. Invierte para que la herencia civilizatoria no se pierda. Invierte en beneficio de tus hijos y de tus nietos. Invierte como si la Ley moral fuese respetada.

Al actual "remanente" —que, a pesar de los tiempos que corren, no se desanima y sigue haciendo 'lo que tiene que hacer'— está dedicado este estudio.

Barcelona, abril, 2011

ricardobeleta@yahoo.es